世界不再一样

小草军师 王海童◎著

中国商业出版社

图书在版编目（CIP）数据

因为感恩，世界不再一样 / 小草军师，王海童著. ——北京：中国商业出版社，2021.10

ISBN 978-7-5208-1771-4

Ⅰ. ①因… Ⅱ. ①小… ②王… Ⅲ. ①人生哲学 – 通俗读物 Ⅳ. ① B821-49

中国版本图书馆CIP数据核字(2021)第178158号

责任编辑：吴倩

中国商业出版社出版发行

010-63180647　www.c-cbook.com

（100053　北京广安门报国寺1号）

新华书店经销

河北京平诚乾印刷有限公司印刷

880毫米×1230毫米　32开　7印张　127千字

2021年10月第1版　2021年10月第1次印刷

定价：68.00元

★★★★

（如有印刷质量问题可更换）

版权所有　侵权必究

"因为感恩"编委会

顾 问（排名不分先后）

徐浩然　　郑丹晖　　禹　路　　王　曦　　周　影
肖兴吉　　潘汝显　　覃　剑　　陈紫彬　　尹媛惠

编委会主任

法兰克　　殷　杉

副主任

梁　锐　　赵金萍　　李学刚

编　委（排名不分先后）

曹天枢　　曹　巍　　陈春来　　崔红梅　　方德辉
郭　勇　　胡剑飞　　宦兰萍　　黄卫国　　蒋东伸
蒋晓阳　　李　享　　李　丽　　李玲玲　　刘剑君
施晓励　　孙一方　　王淳蕾　　王　晖　　王　晋
王泽宇　　翁弓法　　夏东辉　　徐　光　　薛　锋
叶　柱　　赵春阳　　赵大川　　郑　华　　周洪磊

"因为感恩"联合发起人

曹 波	陈 波	邓力源	丁朝兵	冯晓琳
郭碧贞	红 尘	黄通县	黄晓敏	黄 迅
金子兰	李戴辰	李学刚	马 丁	闵林东
史海楠	谭怀颖	王钧豪	王小娴	薇薇安
谢惠玲	园 均	张海翔	周 晓	周玉洁

"因为感恩"读书会负责人

李 享　　邰胜远

序言一 • 因为感恩，我们不再一样

2020年是庚子年。这一年，注定是不平凡的一年。新型冠状病毒的出现，石破天惊，疫情在全球范围内肆虐。

在疫情严重的地区，人们不得不在家里办公，变成"宅男"和"宅女"。即使外出，也尽量去人少的地方，而且与人保持一定的社交距离。这一年，对许多人来说，生活与工作都不得不发生改变，彼此应酬减少了，居家办公，开会在线上进行。

在过去的一年时间里，我修正了自己的"三观"，也调整了生命中的优先顺序。

第一，要始终怀有感恩之心和坚定的信念。要懂得谦卑，谨言慎行，不能骄傲。我感恩我生命中的一切，也坚定地相信我生命中的一切。

第二，要管理好家庭，尤其是家庭要和睦。没有什么比一家人和和睦睦更幸福，也没有什么比一个整洁干净的家更愉悦

身心。因为疫情不能去爬山，我就通过做家务来锻炼身体，每两天一次大扫除，每次一个半小时，每次都大汗淋漓。做家务，不只是锻炼了身体，也愉悦了心灵。

第三，健康。不仅要有健康的身体，更要有健康的心态。面对世界始终感恩，坦然、安然，不要怨天尤人；面对困境，不要逃避，要积极应对，更重要的是要相信，风雨总会过去，彩虹就在前面。

第四，事业。这里不是说事业不重要，而是它不是最重要。我们要通过不断地学习，来提升自己。因为学习，是一所没有围墙的大学。通过学习，我们可以找到正确的方向，也会遇到好的机会。方向对了，又能抓住机遇，我们离成功也就不远了！

知识容易学到，智慧不容易学到，大智慧大都属于恩赐。关键是要有相信的力量，因为相信就会看见。还要懂得凡事感恩，因为感恩，我们就会不再一样！

通证经济实验室创始人、晨讯传媒机构联合创始人、
SLV飞象社区联合发起人
法兰克
2021年3月19日

序言二 • 感恩的智慧

曾看到北大教授饶毅在2016年本科生毕业典礼上作为教师代表的一份致辞——《做自己尊重的人》,首句就振聋发聩:"在祝福裹着告诫呼啸而来的毕业季,请原谅我不敢祝愿每一位毕业生都成功、都幸福;因为历史不幸地记载着:有人的成功代价是丧失良知,有人的幸福代价是损害他人。"

饶毅教授提出了一个非常重要的命题,我们到底应该怎样衡量一个人的成功和幸福?

那些丧失了良知的所谓成功,不值得我们尊重;那些损害他人而得来的幸福,不配被我们羡慕。

因此,当我们教育下一代时,不以那些伤天害理、丧失良知、损害他人的所谓成功人士作为榜样误导他们;当我们每个人在追逐成功和幸福时，能够尊重自己内心的良知，坚持以不损害他人为底线。

而这一切又该如何做到？很简单，感恩！

也许，很多人只是把感恩看作一种"滴水之恩，当涌泉相报"的行为。但是随着阅历的增长，开始理解社会的运行规则及人性的复杂，你慢慢会体会到感恩并不是一种简单的行为，它是一种意识能量，是一种情感连接，更是一种处世智慧。感恩的意识会内化为深刻的自我认知，只有了解生命的意义和价值，才能看得透想得开、拿得起放得下、走得正行得直，我们的成功和幸福才不会损害他人。

感恩的价值是教会我们该如何用好自己的生命，连接身边的人、事、物，不是单一的规则，而是发自内在的善意和珍惜，"和"为贵、"善"为本、"诚"为先，从而明白有些成功不值得尊重，有些幸福不必羡慕。

感恩的心态会引导我们对自身行为进行检索、反思，会认识到这些行为对周围人的影响是好是坏，从而更加懂得施恩与节制，怜悯他人却不滥施恩泽、崇尚真情却不轻许诺言。人生最大的智慧，不是重复注解大家都能看到的风景，而是能道出大家都没有看到的真相。我们不能依靠别人的臆断去评判，也不可以凭借自己的一己之见而选择。

感恩的行为会让我们真正获得爱和尊敬。孟子说："爱人者，人恒爱之；敬人者，人恒敬之。"墨子说："夫爱人者，人必从而爱之；利人者，人必从而利之。"继承和发扬中国传统文化中的感恩精神，尽自己的一颗赤诚之心同情人、关心人、尊重人、帮助人，让人们学会考虑他人、关爱他人，这才是最大的成功，最大的幸福。

老子在《道德经》第四十九章中说："圣人无常心，以百姓心为心。"意思就是不执着自我，随时随地都能换位思考，洞察人心，站在对方的角度上发现问题、分析问题、解决问题，做任何事情都不应从自己的利益、执着、判断出发，而应符合规律、原则，以慈爱、善良、纯朴为出发点。观察对方在想什么、需求是什么，为群众、为对方、为政府、为客户、为员工谋健康，谋平安，谋幸福，谋利益。这就是大成功、大格局、大自在。

感恩并不是单一的行为，首先要改变自我认知，感悟到感恩的情感价值，并升华为一种人生智慧。境界高，格局才会大；实力强，梦想才能达成。我们不是为了消耗才来到这个世界，而是为了给世界创造价值而努力活着。我们更需要从行为训练中习得这样的经验。加强感恩文化的宣导。

是的,感恩是人生最好的修行,是人生最美的智慧,懂得感恩的人,内心是温润、丰盈的,也是幸福和成功的。

著名策划人、书法家

郑丹晖

2021 年 5 月 18 日

序言三 • 在逆境中,更需要感恩

在一次演讲中,曾有位学员分享了他的一段经历。

曾经,他抱怨自己工作一般,没有什么人际关系,至于自己的妻子,他更是认为帮不上自己什么忙。但是突然有一天,他妻子生病住院,他开始承担起妻子所做的一切,接送孩子、洗碗做饭、打扫卫生……整天忙得焦头烂额。这时他才醒悟:原来自己是多么的幸福。他为曾经的想法羞愧难当。现在他很珍惜自己的妻子,经常和妻子一起做家务,并找回了久违的浪漫。

他的这段平常的经历引发了很多人的深思。很多时候我们对身边的人太"理所当然",理所当然地认为这是他们该做的一切,理所当然地认为他们所做的一切微不足道,我们从未对他们的存在心存感激,从未对他们的付出道一声感谢。

在这之前，我也时常在想：什么时候我们最懂得感恩、最会感恩？

通常是在我们渡过劫难之后。在渡过劫波，走出困境，挣脱苦海之后，我们才会平复自己的心情，回忆起各种人和事，在慨叹人生之余，油然而生感恩之心：庆幸自己没有放弃，感恩帮助过自己的人，感恩劫难带来的历练和感悟……

但是那天这位学员给了我答案：在逆境中更需要感恩。在这位学员身上，在他妻子住院的那段艰难时光，感恩让他发自内心地接纳、感谢、珍惜身边的人和事，从而对自身境遇的顿悟、坦然、满足、不纠结。

那么在逆境中，我们又要感恩什么呢？

感恩生命，给予我们未来！生命是用来爱的，而不是用来恨的。有生的日子，我们要常怀感恩之心，把每一天都当成幸福的一天，快乐的一天。当我们拥有感恩之心，不管身处何处，是顺境还是逆境，都能幸福地生活，快乐向前。

感恩岁月，让我们成长！一路上的艰辛，一路上的磨砺，正是因为这种狂风暴雨的洗礼，我们才能破茧成蝶，拥抱未来。无情的岁月虽然沧桑了我们的脸，但人生阅历也给予了我们厚重的馈赠。

感恩生活，令我们更加强大！柴米油盐的琐碎，让我们体悟到生活的真谛；人与人之间的交往、互助，让我们感受到人与人之间的温暖，及我们自身的价值；生存的压力，困境与逆境也只是生活对我们的磨炼……我们被生活洗礼，也被生活升华着。

感恩有你，人生由此更加精彩！大千世界，人海茫茫，能相遇已属不易，更何论相亲相爱，共走人生之路。人生因为有一个知心爱人，从此变得与众不同，多姿多彩。生命因为有你的出现而丰富丰盈。所以，我们既要感恩这神来之笔的相遇，更要感恩双方的坚持与付出，才使得生命更加灿烂，生活更加美不胜收。

身处逆境，更需要懂得感恩，明白每走一步时感恩的意义，感悟感恩对我们走向美好结果的意义。心有感恩之情，天会更蓝，海会更清，前方的路会更加光明，即使是孤独的黑夜，也都是温馨而迷人的。

每一个今天都这么美好，每一个明天都那么让人期待！让我们用情珍惜，用爱归依，用心感恩！

王海童

2021 年 6 月 20 日

序言四 • 机遇、学习与人生

如果10年后,你与一位已经10年没见的朋友相遇,并递给对方一张名片,你希望这张名片上的内容是什么?如果对方问你的情况,你希望告诉对方的是什么?

也许你从未认真思考过这个问题,鸡毛蒜皮的小事已经让人疲惫不堪,未来的事情现在想太多没有多大意义;也许你会苦笑一下,认为10年后和现在不会有什么不同,工作、生活,不过是日复一日的重复。

确实,产品过剩、竞争加剧、营销剧变、知识迭代,似乎越来越难以成功。也不知道从什么时候开始就一直流传着"今年生意差,明年会更差"的说法。但是事实呢?事实是每年这些人仍然在这个市场上呼风唤雨,改变企业、个人和家庭的命运。

你是否又想过为什么会这样？

机遇青睐有准备的头脑！

我喜欢分析，喜欢金融，一直如饥似渴地学习着金融、理财、经济原理、互联网等知识。10多年前，当我身边的人还忙于朝九晚五的工作时，我看到的是中国金融市场和互联网快速发展的时代浪潮，我毅然投身于其中，成了股权投资专家、理财精算师……

然而这样还不够，想要在金融行业里面长期地走下去，需要不断地学习，需要日积月累，年复一年，日复一日，不断地在金融领域当中去摸索，去学习、去实践、去总结、去分享。

于是，10年前，区块链来袭，我意识到这会是对所有人敞开的机遇，我兴奋、激动。一开始我的想法也很简单：虽然我们可以被视作"韭菜"，做一个小白，但我们可以通过学习，通过思维的转变，用我们的时间去换取我们的新认知和新价值。功夫不负有心人，我在行业经验的基础上开始无缝对接区块链技术应用、区块链投资咨询、打造区块链领域的学习型社区——小草社区……

孙正义曾说："只在近处看的时候会感到头晕目眩，无法看清变化的方向。但是，当远望的时候就能看得一清二楚了。"我一直认为，我们的头脑不应该被眼前苟且，而是当为以后准备，这样当机遇来临时，我们才有足够的能量接住它。

那么，接住了机遇，你的人生就圆满了吗？

人生垂青有感恩之心的人。

投身金融行业时，我凭借着自身的知识、经验，开始走向讲台，成为众多国际商学院首席心理学讲师、上海金融国际总裁班讲师。我的想法也很简单，用培训打造无数草根逆袭百万千万富翁，用数据分析帮助更多的人快速复利倍增的积累资本。

当我接触区块链时，我们的团队就决定致力于为区块链布道，打造一个区块链领域的学习型社区，帮助更多人洞悉行业发展趋势，吸收时代前沿资讯，学习专业知识技能，提升认知水平，达成区块链价值革命的共识。通过社群、互动式的交流群社体验，结合行业的资源、渠道背景，借助区块链发展实现一个人从社会个体向社会群体的转变。

在这个过程我的内心是安静、富足、幸福的。

而我所做的这一切皆出自我的感恩之心。

风风雨雨十几年，我们的发展凭借的不仅是机遇，不仅是实力、经验，更是在于我们始终流淌着一种感恩的情愫，它形成了一种独特而隐秘的文化，一种强烈的认同感和向心力。我们与成员、成员与成员之间真正地了解对方，彼此互相信任、支持、分享，彼此互相感恩、陪伴、友爱。就像一个成员说的那样:"小草社区是一个'家',一个可以收获财富、经验与精神满足的'家',我庆幸能够成为其中一员。"

而我更是感恩大家对我的信任,感恩时代赋予我们的机遇,感恩与每一个人的相遇、相知。同时我也深刻地意识到,当今时代,除了知识,以知识的力量搏击时代风潮,还有精神,以精神的能量来应对时代的焦虑、浮躁以及逆境和灾难。因此也一直在思索怎样让更多的人懂得感恩。

感恩是一个人必须具备的品质:"谁言寸草心,报得三春晖"是对父母的感恩;"新竹高于旧竹枝,全凭老干为扶持"是对传道授业解惑师长的感恩;"桃花潭水深千尺,不及汪伦送我情"是对朋友的感恩……感恩是一种流淌在每个人心间最美好的情愫,懂得感恩就会懂得人间的真味,懂得人性的辉煌,懂得生命的意义所在。

感恩是一个人搏击时代风浪的智慧:是"敏而好学,不耻下问"的谦逊和进取;是"长风破浪会有时,直挂云帆济沧海"的自信与无畏;是"沉舟侧畔千帆过,病树前头万木春"的希望与坚定;是"安得广厦千万间,大庇天下寒士俱欢颜"的大爱情怀……感恩是当今社会的一剂良药,是对物欲、焦虑、空虚的精神净化,是对今天的和平与安乐生活的知足、珍惜。

因此,我出了这本书,既是对成员的一种精神回馈,更是希望这种感恩的理念、情怀能得以延续，被更多人所了解和认同。我们也希望借由这本书，更多的人能够懂得感恩的内涵和智慧，从而事业顺遂、人生安好。

小草军师

2021 年 8 月 22 日

序言五 • 活出感恩的生命

生命中,有些遗憾弥补不了;人生中,有些意外避之不开;生命的每个季节,都不能省略;人生的每次相遇,都是难得的缘分……我们来到这个世界上,就注定要和一些人发生故事。作为芸芸众生中的一员,你想谱写出怎样的生命故事呢?

曾经看到这样一个故事。

一天,一位盲人坐在大街上,他的脚边放着一个牌子,上面写着:"我是盲人,请帮帮我。"一个路人走到那位盲人身旁,他发现盲人的帽子里只有很少的一些硬币。于是他把牌子调过来,在上面写下一行字:"现在是春天,我却看不见!"然后又将牌子放到盲人的脚下,离开了。那天下午,盲人的帽子里装满了钞票和硬币。

为什么改了牌子之后人们从这里走过，就会给更多的钱呢？因为他们每个人都可以看见春天的花朵，都可以看到公园里的鸟儿，都可以看到路边的小草，都可以看到每天的日出日落……一个普通人在盲人面前，他才会发觉，其实"看得见"原来是一种恩典，是一件非常幸福且值得感恩的事情，所以他们愿意为这份美好的感受付出心意。

很多人做不到感恩，为什么呢？因为他们不明白为什么要感恩，该向谁感恩以及如何感恩，甚至在忙乱中已经忘记了感恩。

有些人认为，我拥有得多就多感恩，我一无所有就不需要感恩。其实拥有什么、拥有多少都是相对的。每个人都需要感恩，感恩国家，感恩社会，感恩生命中遇到的每一个人和事。

如果你是一个上班族，每天很辛苦，压力很大，你要感恩，这意味着你还有一份工作、一份收入；如果你是家庭主妇，有做不完的家务，你要感恩，这表示你有一个家；如果你是一个投资者，你买了很多股票，股票涨了你要感恩，股票跌了你也还要感恩，因为你还有钞票买股票……

所以我们真的需要成为一个感恩的人，而感恩会影响我们整个人生！

当记者在学术报告结束之际提问："霍金先生，卢伽雷病已将你永远固定在轮椅上，你不认为命运让你失去太多了吗？"

这时霍金的脸上充满微笑，用他还能活动的三根手指，艰难地叩击键盘：

"我的手指还能活动，我的大脑还能思维，我有终身追求的理想，有我爱和爱我的亲人和朋友，对了，我还有一颗感恩的心……"

在常人看来，命运之神对霍金，已经苛刻得不能再苛刻了。可谁又能想到就是这样一位在轮椅上生活了三十余年的高位瘫痪的残疾人，竟有如此豁达而美妙的文字在心间流出呢！一根能活动的手指，一个能思维的大脑……这些都让他感到满足，并对生活充满了感恩之心，也正是如此，才成就了这位举世瞩目的科学巨匠。

通证经济实验室顾问叶兆基博士认为："感恩是生命美德的源头，忘恩是人生错误的开始！"感恩不仅让我们摆脱虚空、无聊、愁苦，也让我们生活得满足、充实、喜乐，更是时刻提醒我们，感恩才是生命该有的状态。

我们公司在科技领域投资了很多项目，之所以能取得今天的成绩，离不开研发人员的攻坚克难，离不开团队伙伴的鼎力支持，也离不开客户的理解信任，对他们，我心怀感恩，他们的付出，我不仅铭记在心，更会加倍地回报大家。因为我知道，感恩不是仅仅停留在嘴上，更要有感恩的行动。也只有感恩的心加上感恩的行动，才会形成感恩的美好效果。

我还要感恩这个伟大的时代，这是一个和平、自由、平等的时代，是一个科技发展非常迅猛的时代，是一个草根也可以逆袭的移动互联网时代。我们很幸运，享受到了时代赐予我们的各种红利，足不出户却可以连接一切，从信息互联到价值互联，不仅让我们的生活更便利，而且让每个人的价值都能通过科技的方式来展示和实现。对此，我们每个人都要感恩。

而真感恩是需要教导的。就像朋友给你家孩子一块糖，你如果没有教过孩子，他第一反应很可能是让你帮他剥开糖纸而非对朋友表示感谢。因为感恩不是天生的，它是生命成熟的表现，所以，我们不仅要自己感恩，还有教育孩子感恩。

今天，你为你的事业感恩吗？为你的家庭感恩吗？为你的健康感恩吗？让我们每个人都怀着感恩的心情，活出精彩的人生。

加拿大 Yesbit 公司董事会主席

周影

2021 年 9 月 9 日

前言 • 成功是一场"感恩映射"

人为什么要奋斗?有人说为了财富,有人说为了实现人生的价值……这些都可以用"为了成功"来概括。

那么,为了成功你做了哪些努力?又有了怎样的认识?

"前途对我来说真的很重要,我不能走错一步!"

"我本以为兢兢业业地工作,谨小慎微地做人,就可以实现理想,结果还是太天真。"

"废材死去,精英活下来,世界就应该是这样。"

"在这个竞争残酷的世界,输赢就是地狱和天堂的区别。"

"输给自己的感觉比输给别人的感觉还惨!"

……

于是很多人觉得:失败,可以碾碎任何信任;压力,足以让你走向绝望;孤独,也许从未被理解过……很多人认为这就是现实的写照。

互联网、社交技术，人和人的距离进一步扩大，线上越来越开放，线下越来越封闭，我们就生活在这两个"极端世界中"。

未来社会，节奏会越来越快，各种变化周期不断缩短，各种不可预料的事情越来越多，我们的精神也许会长期处于紧张与不安之中，精神需要接受各种考验，抑郁、焦虑、躁动……

现实与未来的双重"压迫"我们该何去何从？

其实，现实，不管如何，你并不是一个人：在你出生的那一刻，你已经受到祝福和呵护；在你准备启程的时候，世界已经为你准备了条件；在你跌入低谷，被重重摔醒时，一定有人陪着你；在你奋斗的路上，始终有人与你并肩……有一种生命之中的幸运：一个人足够强大的时候，是因为他的背后站着一支队伍。

未来，人类最大的挑战，根本不是经济危机，不是疾病，不是 AI，而是人类自己的精神问题——未来，知识和技能随时都可以迭代，不管你掌握了什么样的技能，总有一种变革会让你落后，总有一种创新能够取代你；未来，拥有一颗健康、强大的内心，远比其他技能重要得多。

所以，我们要认识自身的富有，我们要内心足够健康强大。而这一切都指向了感恩，它是一种从容且珍惜的生活态度，一种宽容且坚韧的心性，一个积极且共赢的行动法则，一座更好连接世界的桥梁。

没有感恩，便不懂得珍惜，守着金山也不会快乐；

没有感恩，便不懂得宽容，再多的朋友也会失去；

没有感恩，便不懂得行动的奥义，再聪明也难以圆梦；

没有感恩，便不懂得合作的精髓，再拼搏也难以大成；

没有感恩，便不懂得积累的意义，再拥有也难以丰盛；

没有感恩，便不懂得给予的真义，再富有也只有空虚；

没有感恩，便不懂得生命的丰盈，再多准备也只有忧虑；

……

不懂感恩，再优秀也难以成功。

不懂感恩，再强大也难以健康。

大凡成功的人也都能意识到这一点。所以，马化腾表示，感恩所有的同事们；雷军说，厚道的人运气不会太差，请和我们一起，永远相信美好的事情即将发生……

因此，我们要做的是：

认识并感恩这个世界，不迷不误；

认识并感恩自己的存在，不卑不躁；

认识并感恩信念的力量，相信并且做到；

珍惜并感恩遇见与相伴，善良并且美满；

创造并感恩每一份财富，富有并且丰盈；

直面并感恩每一次挫折，蜕变并且强大；

做更高层次的自己，慈悲并且圆满。

每一个人都有菜鸟变凤凰的美好意愿，每一个人都希望自己的人生到达一个圆满的意境。那么，请阅读这本书，让我们能够勇敢强大，确认自己是否已经得到，是否已经走在因感恩而蒙福的路上；让我们按照"感恩 7 步骤"，绘就那个自己希冀的圆满人生。

content 目录

引子 • 菜鸟的自述 ·················001

第一章

一亩恩田 ·················003

一切源于"我" ·················006

一则经典"笑话" ·················012

人心"有毒" ·················018

【感恩第1步】致谢世界，一切都还正常，一切还有机会·········023

第二章

恩知自己 ·················025

迷人的存在 ·················028

从宽恕自己开始 ·················033

喜乐的心乃是良药 ·················040

【感恩第2步】致谢自己，活着的生命是不能隐藏的·········047

第三章 恩厚之力 ··············051

你的意识与潜意识··············054

"吸引力法则"奥义··············060

我的人生目标宣言··············065

【感恩第3步】致谢信念,你微笑世界就微笑··············071

第四章 承恩遇见 ··············075

人际"边界"··············078

做阳光的普通人··············085

爱,时间最清楚··············090

【感恩第4步】致谢所有的相遇与相伴,借由他人照亮生命········096

第五章

财富恩光 ·········· 099

财富是人类的自然状态 ·········· 102

金钱是一种精神工具 ·········· 107

创建财富的路线 ·········· 112

【感恩第5步】致谢财富,结果的价值源于内心的价值 ·········· 118

第六章

逆境恩行 ·········· 123

寻找"心灵拐点" ·········· 126

扩大内心舒适区 ·········· 130

勇敢1厘米 ·········· 135

【感恩第6步】致谢逆境,任何环境都要活在乐观之中 ·········· 140

第七章

恩慈一生 143

指向"凤凰" 146

连接的"管道" 151

全然敞开,要活得永恒 157

【感恩第7步】致谢生命,凡所做的都是为着喜乐的缘故 162

后　记　最有智慧的人每天感谢101次以上 165
附　录　明人微言 167

引子 • 菜鸟的自述

我是谁？我是菜鸟，一只普普通通灰不溜丢的鸟。

自从我学会飞后，便离开父母选了一棵不大不小的桑树，筑了一个非常简陋的小巢，开始自己的生活。不过我会时常飞回家看看父母，听听它们的唠叨。

每天我最重要的事情是一日三餐，可以说我大部分的时间都花在了寻找食物上，我也时常开玩笑地说："我的鸟生都在这鸟食上了。"当然，偶尔我运气不错，很快就能找到吃的，这时我便会到处溜达溜达，看看天，看看地，让自己的双眼挂满森林的美景。

哦，对了，我的邻居是一群麻雀，一群热心肠又有点长舌头的小家伙，整天叽叽喳喳，东家长西家短。每天傍晚我也时常与它们吹吹牛、唱唱歌（虽然我的歌喉不咋地），倒从未感到鸟生的孤独寂寞冷。

这样的日子真是又普通又惬意。

当然我也有些小烦恼，比如我的小巢实在有点太小了，只容得下两只麻雀朋友；我喜欢的那只花喜鹊总是看不到我；我的翅膀有点弱，飞不到白云上……我也时常在想我应该变得更好些，因此每天我都很努力。

今年对我来说是非常重要的一年，我将和孔雀、鹦鹉一起去凤凰那里学习"成凤7课"——通过7个课程的学习，蜕变成凤凰。

孔雀是森林里最漂亮、最富有的鸟，鹦鹉是森林里最聪明的鸟，它们都是森林中的精英阶层。与它们同行我心里难免惴惴，但是转念一想，能和这么优秀的鸟同行，也算是三生有幸，说不定可以学习到很多东西。而这"成凤7课"也颇为神秘，所有去学习的鸟都只学到了第6堂课，没有人知道第7堂课的内容，我暗暗希望自己能够完整地学完这门课程。

那么，我能成功吗？我会变成凤凰吗？

请随着这本书，让我们一起开启一场生命的蜕变之旅！

第一章 一亩恩田

第1堂课
找到认识森林的方式

今天是"成凤7课"的第一课。凤凰老师对我们说:"这节课的主要内容是找到你们自己认识森林的方式,也就是说你是通过什么认识我们所生活的森林的,它是什么样的?"

听完凤凰老师的话,我有点蒙,我从未考虑过这个问题,因为森林对我来说太熟悉了,我呼吸这里的空气,喝着这里的水,我在这里安家落户——它赋予我生活所需的一切。然而又不仅仅如此,它有传说,它有群鸟百态,它演绎群鸟生活——它很简单又好像很复杂,不过值得庆幸的是自己生活其中……

正当我苦苦思索的时候,孔雀拿出了许多金子,得意地说:"森林能够孕育金子,是富饶的!"鹦鹉拿出了自己的收藏,也得意地说:"森林蕴含了无穷无尽的知识,让我们学习、成长,是了不起的!"

它们不愧是精英,对着森林都有独到的认识。

听了它们的话，凤凰老师点了点头，然后望着我等待我的答案。

我搓搓翅膀有些窘迫，只好老老实实地回答："我没有金子，知识似乎也不是那么丰富，但是我生活在森林中，我学习森林精神，我在森林有家人、伙伴，我很感谢森林赋予了我这一切，让我过得很开心。我觉得自己就是认识森林最好的方式，我很感谢这一切。"

没想到凤凰老师笑了，对我的答案很满意。他说："森林是很富饶、了不起，但最重要的是通过我们自己体验到来自物质、精神、心理和关系中的丰富与满足，并感恩这一切。这是我们认识世界最好的方式，也是第一堂课要教给你们的内容。"

一切源于"我"

> 事物本身并不影响人，人们只受对事物看法的影响。
>
> ——[德]叔本华

为什么凤凰的第一课是让菜鸟它们认识森林？因为森林就是我们生活的世界，承载着"我"的存在。

那么，为什么孔雀、鹦鹉、菜鸟眼中的世界不尽相同？对于当今的世界，你又是怎么认识，怎么评价的？

在回答这个问题前，我们先来做一个小小的实验：

盯着这个黑色的灯泡看30秒或更久（期间不要移动眼睛），然后迅速转移目光看向任何白色的区域。

你看到了什么？是不是看到了一个发光的灯泡？

这就是经典的"视觉后像":光刺激物停止作用后,在短暂的时间内仍然会在头脑中留下印象。

世界对我们也有这样的"后像",它刺激着我们,在我们的头脑中留下印象。而画中的"黑灯泡"便是我们对这个世界所关注的焦点,并带来"后像"。

比如,"金钱至上"的社会现象,让你眼中的'黑灯泡'可能是金钱,那么你看到的就是一个物欲的世界;你感受到"黑灯泡"发光——有钱的快乐是真的快乐;"黑灯泡"的光给你带来的认知便是:90%以上的问题都能够用钱来解决,往往普通人的问题太多,就是因为没钱——你的人生为钱而奔波。

再如,你从小生活在一个幸福的家庭中,你眼中的"黑灯泡"可能是"爱和亲情",那么你看到的就是一个温情的世界;你感受到"黑灯泡"发光——家是幸福开始的地方,是温暖的港湾;"黑灯泡"带给你的认知便是:没有什么比一家人在一起更重要——你的人生为家而付出、努力。

那么,"黑灯泡"中,你装的会是什么?

请认真思考三分钟,并诚实地写下你的答案:

_____

围绕着这个答案,你做了什么?

_____

你的感受如何？

_____

_____

不管答案如何，你往"黑灯泡"中填充什么，你的人生便笼罩在什么样的"光"中，收获着什么样的体验。

我们在现实中做这个小实验时，很多人的答案是爱情、家庭、健康、金钱、地位……然而有些遗憾，即便是爱情、家庭、健康这些美好的答案，很多人依然陷入迷茫、抱怨、悲伤、嫉妒等不好的感受之中。

为什么会这样？

有人将其归咎于时事所迫，无可奈何；有人将其归咎于造化弄人，阴差阳错；有人将其归咎于世态炎凉、人心不古——真是如此吗？

心理学曾向我们揭示了这样3个世界"真相"：

真相1，你看到的世界其实是源自你的"内心偏见"，简单理解就是你越在意什么就越专注什么，同时会把那些与自身需要不相关的其他东西无意识过滤——这种偏见会让人生发生偏移，比如你原本只是想拥有足够的金钱保障生活，结果只看到了钱，沦为了挣钱的工具；你原本只是想要追求一份美好的爱情，但在得不到时，却因过分在意而放不下，我执、抱怨……

真相2，你相信世界是什么它就是什么，积极心理学早就强调过，每个事件都是中立的，但是人类凭借丰富的想象给予它各种意义与存在。比如对于困难，乐观者会越挫越勇，而悲观者会认为这是对自己的惩罚——世界就像一面镜子，照出你的所思所想所行。

真相3，认识到世界无常你才会内心平和，很多时候生活就像丢骰子，有太强的随机性，得到与失去也不过是瞬间的事情——无常是世界最为真实的真相，我们只有接受这个事实，才可以真正做到活在当下，也才会在现在独一无二的生命经历中创造属于自己的生命奇迹。

所以，一切的根源在于我们自己——

> "心随境转，苦不堪言；
> 境随心转，才得自在。"

1. 认识问题本质——"凡事都是我的原因"

一个不会游泳的人，怎么换泳池都是不能解决问题的，问题在于该如何学会游泳，学会了游泳，哪个泳池都可畅游；

一个不懂做事的人，怎么换工作都是解决不了问题的，问题在于该如何解决自己的能力问题，有了能力哪一家公司都能站稳脚跟；

一个不懂经营婚姻的人，怎么换爱人都解决不了问题，问题在于该如何学会相处、珍惜，学会了这一点再平凡的婚姻也足够幸福；

……

我们所遇到的问题及挫折，最主要的原因在于我们自己本身，我们要充分认识到这一点。当然，这不是要让我们进行自我批评，而是要让我们每个人对此有所觉知，懂得从自身出发寻找和解决问题，从而"定心"——心不随境转，处在任何的处境之中都有足够自知之明，而不是对所处的生活、环境一味地消极应对、抱怨苦恼。

2. 种一亩恩田——你能掌控的只有你自己的这一部分！

在明白了"凡事都是我的原因"之后，我们便要去寻求问题的解决办法。

然而，可能你努力之后，现实生活、环境依旧没有什么改变；可能你付出之后并没有得到相应的回报；可能你会找不到施展的空间——

正视这些反馈和感受，就像我们无法强迫一个不爱我们的人爱上我们一样，我们不能改变外在的客观环境和条件，但是可以改变自己与这个世界的相处方式——开辟一亩恩田。

一如田地之能滋养生长谷物，恩田滋养生长我们感恩的态度和心灵，用恩田去容纳你和这个世界，如菜鸟一般"自己就是认识森林最好的方式"，"境随心转"，不管何时何种环境都体会到来自这个世界的富足、善良、美好，全然感恩、知足、喜乐——"我是一切根源"的核心也正在于此。

那么如何开辟这亩恩田？

恩田的广度在于照见世界；

恩田的深度在于照见人性。

这也是我们下面两节要讲的主要内容。

一则经典"笑话"

> 知道自己知道什么,也知道自己不知道什么,这就是真正的知识。
>
> ——[美]梭罗《瓦尔登湖》

骗子和专家同台 PK,进行 5 场辩论:

第 1 场辩题:宇宙起源。骗子 PK 物理学家。骗子讲盘古开天辟地、上帝创世,物理学家讲宇宙大爆炸。

如果你是台下观众,此时你更关注的是?(请诚实地写下你的答案。)

―――――――――――――――――――――――

―――――――――――――――――――――――

尽管很多人都知道神话故事是杜撰的,但是很多小学生却对神话故事更着迷。而现实中的宗教信徒则更相信神话故事。

第 2 场辩题:生命起源。骗子 PK 生物学家。骗子讲灵魂和轮回转世,生物学家讲达尔文进化论。

你更关注的是什么?(请诚实地写下你的答案。)

尽管大家都知道达尔文进化论是学说，但是中学生却对灵魂转世更感兴趣，纷纷追问自己前世是什么。

第3场辩题：健康和养生。骗子PK医学专家。骗子讲偏方，如绿豆茄子治百病，医学专家讲确定疗效需要试验。

现实中你是否尝试过各种偏方？（请诚实地写下你的答案。）

本科学历的人根本无法抵挡骗子的忽悠，只有受过研究生教育的人才不为所动。

第4场辩题：人性性格类型。骗子PK心理学家。骗子讲星座、血型等，心理学家分享心理研究成果。

现实中你是否也相信星座、血型并做过各种测试？（请诚实地写下你的答案。）

年轻的研究生被骗子所讲的星座、血型迷晕，只有教授级别的观众才能明辨。这可以理解，心理学的逻辑正反都说得通，需要足够人生经历积累才能避免中招。

第 5 场辩题：人类经济。骗子 PK 经济学家。整个过程人们都不说话，没有人能够区分骗子和专家。

关于人类经济你是怎么看的？是人类财富创造？是人类物质和能量的成功利用？是人类社会资源分配？（请诚实地写下你的答案。）

_____

_____

这 5 个辩题其实就是我们对世界的探索，与我们的生活、生存息息相关。而很大程度上专家代表的是科学、理性，骗子则是从我们的主观、感性出发，抓住的是我们意识层面的东西。也就是说，我们竭尽所能地更为客观理性地认识这个世界，也会积极追求自身生命的意义。因此对世界的认识不仅需要专家的客观，也需要来自我们自身的"意识安慰"——而这一切是由"人"的特殊性决定的。

与其他所有生物一样，我们不过是一种存在于世界上的碳基生物。但是人类进化出了意识，并变成社会物种。为了社会秩序的稳定，最早出现了神话，在精神上赋予我们一定的使命感或者生存意义。随着科学的进步，人类开始了解生命的由来、世界的本质（科学的逻辑）并探寻人类社会的发展（经济政治的逻辑），但我们也并未放弃来自意识上的人生思考（精神的逻辑）。

然而有些可惜，虽然我们明白应当"二元""多元"地看待世界，但是我们在认识世界时依旧有着恐惧和以偏概全的本能：

恐惧的本能，恐惧死亡，我们追求灵魂转世的安慰；恐惧未来，我们接受命运不能改变的预设；恐惧生存压力，我们拼命地抓住金钱……过分地关注恐惧，只会让我们在错误的方向上造成无意义的生命耗损。

以偏概全的本能，认为自己眼中所见便是全世界，比如很多人的努力（挣钱、出名、赢得尊重等）不过是为了满足欲望与消费，并认为追求物质享受就是当今世界的真相；很多人看到新闻上充斥着各种灾难、欺骗、唯利是图，认为我们的世界正在变得越来越糟，消极失望……以偏概全只会扭曲我们的三观。

因此，对于世界，我们不仅要客观地去看待它，更是要打破认知的枷锁，感知到自己存在的意义——

"你失去的只是枷锁，
换来的却是整个世界！"

1. 不做"洞穴人"

在柏拉图《理想国》的思维实验中，洞穴人戴着枷锁被固定腿和脖子，通过墙上的影子认识世界。世界对他们来说是不真实的。只有那些摆脱了枷锁环顾四周的人，才能知晓包括自己、火光、人造物、声音等的本来面目；只有走出洞穴，在阳光的照耀下，洞穴人才能发现世界的真相。

现实世界中，很多时候我们也是"洞穴人"，有人戴着生存的枷锁，所认知的世界是苦于生存的无奈和挣扎；有人戴着欲望的枷锁，所认知的世界充满贪念和攀比；有人戴着懒惰的枷锁，所认知的世界是无聊、无意义的，并虚度光阴……唯有打破枷锁，不仅可以培养自己的科学思维及客观分析社会存在问题的能力，更是可以在熙熙攘攘的世间中让自己更加释然与从容。

2. 认识自己存在的意义

如果让你一夜暴富，在满足虚荣的消费刺激后，除了简短快感后的空虚，你还能剩下什么？

别人认为你的工作不过是日复一日的无聊重复与虚度光阴，但这如果是你想做的、喜欢做的，还是"虚度"吗？

打破枷锁是为了让我们更好地认识这个世界，认识自己存在的意义则是为了让自己更好地连接世界，它也会是我们一生中不留遗憾与最幸福的思考。因此希望大家能够沉淀下来，去寻找：

它可以是"我"的工作能维持自己的理想生活；

它可以是"我"正在被家人 / 朋友需要；

它可以是"我"真切地感受到为喜欢的人付出时的幸福；

它可以是"我"有兴趣 / 爱好生活很充实、丰富；

……

我们的恩田要通过自己的存在去包容整个世界，即便这个世界可能并不完美。

人心"有毒"

> 孩子害怕黑暗,情有可原;人生真正的悲剧,是成人害怕光明。
>
> ——柏拉图

相信很多人都有这样的愤懑:为什么像自己这样善良的人还会经常感到痛苦,而那些恶人却活得好好的?

在回答这个问题前,请先问问自己:

你是善良的人吗?善良在哪里?

_____

_____

你所谓的恶人是谁?恶在哪里?

_____

_____

我们在现实中得到的答案很有意思:很多人都觉得自己是善良的人,对于善良的理解也很有共性,大多是友爱、谦让、宽容、不计较、乐于助人等，但是关于恶人是谁，答案就五花八门了，富有的邻居、坐牢的朋友、没有能力的上司、骗钱的乞丐……甚至是父母、爱人，而对恶的理解跨度也很大，除了共识的大奸大恶，冷漠是恶、为富不仁是恶、没有能力是恶、背后放冷箭是恶、背信弃义是恶、不公平是恶……

善是真的善，只是这些恶是真的恶吗？

我们人性当中有善心和恶心：

善心：爱心、仁心、包容心、同情心、同理心、进取心……

恶心：贪求心、虚荣心、强求心、嫉妒心、傲慢心、痴愚心、猜疑心……

除了心理变态，没有真正的恶人，很多时候恶人皆是出于我们自己的"恶心"。

你认为富有的邻居为富不仁是恶，可是各过各的生活，他并没有影响到你，你本不用对此耿耿于怀的。你会为此感到痛苦，是因为你内心对金钱有着贪求心，并希望能够不劳而获。你认为没有能力的上司是恶，你可能会说他让公司一团糟，可是为什么偏偏是你因此感到痛苦？因为你不服气，你认为自己能力比他强，比他更能胜任这个位置，这就是嫉妒心……

恶心是人性的"毒"，让我们痛苦、纠结。

如果你的内心有痛苦，说明你的内心一定有和这个痛苦相对应的恶的存在；如果你的内心没有恶，那么你的心灵是不会感到痛苦的。所以根据这个道理，既然你经常感到痛苦，说明你内心还有恶的存在，而你认为是恶人的人，也不是真正的恶——一个人能快乐地活着，至少这个人不是纯粹的恶人。

因此，你需要再问一问自己：

你所谓的恶人真的罪大恶极吗？你是出于何种"心"做出这样的判断？

另外，我们还得面对这样一个现实——人性是禁不起考验的。

有一个真实的故事。

一个老人被车撞倒，下肢骨折，肇事者及时送到医院，表示车辆有全险会全权负责。老人住院后，肇事者一家都去医院看望，并天天送饭送菜，风雨无阻。老人和其家人非常感动，原谅了肇事者——看，多么美好融洽的画面。

然而，事情很快急转直下。医院通过进一步检查发现老人有肺癌并已骨转移，其家人一开始试探性地问医生会不会是车祸引起的？医生给出了否定的答案。但是他们强行要求医生出具证明，证明老人癌症是因为车祸。医生拒绝了。他们便直接与肇事方争执，甚至说："你车不是有全险吗？"——利益面前，人很容易忘记善良。

当然，我们不仅要看到自己人性中的善恶，也要看到别人人性中的善恶，不仅让自己更加广阔、包容，也要懂得保护自己、保护家人，这样我们的人生才有安全、安心、安宁可言。因此——

> 始终看见光，需要一颗善良的心，
> 也需要一颗被理性调整过的心。

1. 让自己足够善良

宇宙能够包容一切，所以广大无边、融通自在；大地能够承载一切，所以生机勃勃、气象万千！

一个人生活在世界上，不要随随便便就对别人的行为、言语看不惯、下定论，即便是自己的亲属也不生强求心。永远用善良的心对待别人，帮助别人，包容别人——一切要随缘自在，感恩珍惜。如果你的心能够像宇宙一样宽广豁达、深邃宁静，你又怎么会有痛苦？

2. 对人性有足够的估量

　　人性是复杂的，兼具着善恶，在不同的情境下，也许占上风的那个部分会随之变化。了解这些，我们便不会轻易去和别人起冲突，在特殊情况下不会去轻信，因为情绪化的情况下、利益面前、欲望面前，你不知道对方会做出什么，比如丽江旅游被打事件，比如江歌案，比如大部分猥亵儿童的都是熟人作案。如果我们对人性的估计足够，就能更好地保护自己，保护家人。

　　我们的恩田，深植的不是盲目的善，不是流于表面的单纯，而是用自己的善去化解自己的恶，用理性去防范他人的恶，就像《以弗所书》所说的那样："你们要谨慎行事，不要像愚昧人，当像智慧人。"

【感恩第 1 步】

致谢世界，一切都还正常，一切还有机会

世界赋予我们的已经足够多了，在这其中没有人会把我们变得更好，时间也只是陪衬，支撑我们变得越来越好的是自己不断进阶的修养、品行、才华以及不断的反思和修正。而最简单的做法便是每周写下"美好清单"。

准备一个笔记本，每个周末拿出 15~20 分钟写下这周令你感觉美好、感动的事情，不管大事小事，至少想出 10 件，比如"孩子画了全家图""看望了父母""发现了一朵很美的云""看了一本书很受启发"……尽量多想一些新的东西，不管大事小事。

另外，我们有《101 个感恩》分为"致谢世界·致谢自己·致谢信念·致谢相遇·致谢财富·致谢逆境·致谢生命"7 个篇章。从今天起邀请大家每天读一遍《101 个感恩》7 个篇章中的任意一篇（最好是起床后读），一直坚持下去，就会把好的念头种进自己的心里，不断滋养恩田，念头越清晰就越能转化成我们的实际行动，让我们更加的包容、喜乐。

101 次感恩·致谢世界（1:1-15）

1. 感谢新的一天，依旧有阳光、水和空气。
2. 感谢美味的食物，始终滋养我的身体。
3. 感谢眼前的房子，能够为我遮风挡雨。
4. 感谢花草，点缀我的眼睛，带给我芬芳。
5. 感谢大地，在它上面万物生长。
6. 感谢星空，何其美丽奇妙，有无穷的奥秘。
7. 感谢白昼黑夜，醒有时，睡有时，张弛有度。
8. 感谢四季，带来不同的美的"轮回"。
9. 感谢城市/村庄，让我得以生活其中。
10. 感谢车马，免去我奔波的辛劳。
11. 感谢网络，让我与人与世界更好地连接。
12. 感谢世间还有正义，让善者更有力量。
13. 感谢人间还有法律，让为恶的得到约束和惩罚。
14. 感谢一切正常，我依旧安好。
15. 感谢未来尚早，一切都还来得及。

第二章 恩知自己

第2堂课
展示自己最迷人的地方

说实话,这节课的内容让我有一点不安。

我不知道自己迷人的地方在哪里,有什么可展示的,一直以来也习惯了自己的"透明"。当然这不是说我一无是处,比如我的眼睛,麻雀们说很明亮;我的耳朵能听见风的声音;我的心能感受到暗恋花喜鹊时的羞涩和喜悦……

突然,孔雀"唰"的一声打开了自己美丽的尾巴。鹦鹉清了清嗓子,踱着步子朗诵起一首优美的诗歌——我被它们惊艳到了,傻傻地站在一旁都忘记了思考。

做完这一切,它们一起高傲地看着傻站一旁的我。我回过神,由衷地赞叹:"你们真迷人!"

鹦鹉得意地问我:"菜鸟,那你呢,你最迷人的是什么?"

我挠挠脑袋,有些窘迫,只好老老实实地回答:"我,我好像没有什么特别迷人的地方。但是我很喜欢自己的耳朵、眼睛、鼻子、嘴巴，我很感谢它们，有了它们我才知道你们很美，才能让你们知道我知道你们很美。"

听了这话，孔雀和鹦鹉都愣了一下。很快孔雀收起了自己的尾巴，讪讪地说道："其实，你很不错。"鹦鹉也点了点头。

我愣住了，有些不明白它们的意思。

这时凤凰老师拍了拍我的头说："你也很迷人——每一个人都可以找到迷人的地方，都会很迷人，要懂得欣赏自己，喜欢自己。这是第二堂课我要教给你们的内容。"

迷人的存在

> 我比我自己所想象的还要巨大、美好,我从没想到我会有这么多的美好品质。
>
> ——[美]惠特曼《大路之歌》

如果让你用 5 个词汇形容自己,你的答案是什么?

_____

_____

现实中我们做这个小测试时,发现这样一个事实:很多人擅长用负面词汇来形容自己,而欣赏肯定的词汇却很少。

为什么会这样?这些词汇背后是什么?

其实,这涉及 3 个问题:

你怎么看待自己?

你喜欢你眼中的自己吗?

你相信自己的价值吗?

怎么看待自己,很多时候不是由你来决定的,而是由你的成长模式和惯性认知决定的。我们最常见的成长模式主要有 3 个:

模式1,"复制名人"型。在我们的成长旅途中,父母已经为我们立下远大的目标,并操纵前行的方向,希望我们成为第二个乔布斯、刘翔、杨利伟……于是我们从小就被灌输要以成功人士做人生标杆,习惯性仰望别人,然后达不到或有落差,便用"失望""气馁"来评价自己。

模式2,"功利目标"型。从小我们就被灌输一切努力是为了实现未来的目标,痛苦的过程是获得未来幸福的必由之路。于是我们上学是为了取得好成绩,步入社会是为了找份有前途的工作,工作的拼搏是为了光宗耀祖……认为成功即幸福,一旦达不到目标,或感受到压力,便容易沮丧、焦虑。

模式3,"沉浸自我"型。成长并不容易,有着很多的无奈和叛逆,我们也极易处在低落的情绪中。此时,很多人常会选择与外界隔离,独自沉浸在自己的感受里,而这样的感受可能是抑郁,可能是悲伤,可能是孤独,可能是愤怒……经常性地处于这种感受之中,你便会自怨自艾地评价自己。

这样的成长模式,加上现实的残酷,很多东西会变得可望而不可即,各种因素会让我们备受打击,于是你不喜欢自己,不相信自己的价值,你很自卑,很沮丧,觉得一无是处……

然而,很有意思,我们一边不满于自己的现状,一边又艳羡别人的生活,积极肯定着别人。不信?

那么，请用5个词汇形容你最喜欢的那个朋友，答案是什么？

_____

_____

再让你的这个朋友用5个词汇形容你，答案是什么？

_____

_____

你发现了什么？

你很擅长用正面词汇去形容他人、肯定他人，即便是有着不好的词汇，但也是出于死党的"恶作剧"，在写下那个词汇的时候，心里也一定是甜蜜蜜的。同样他人也是如此。

再举一个现实中的例子。

有一个女孩向我们这样描述自己：

"我一直很羡慕那些简单、单纯、快乐的人，因为我没有机会成为这样的孩子。我的成长过程比较艰辛，小时候家庭很穷，父母感情也不好。青春期因为叛逆、逃课、早恋，没能考上好的大学，现在我没有稳定的工作。我一直有些自卑，也有些厌恶自己的无能。"

然而，我们从她的朋友口中听到的却是这样的版本：

"她从小吃了很多苦，现在她努力养家。我觉得她是我们当中最坚强、努力的人。我们都很佩服她。"

所以，你瞧，你没有自己想象得那般不堪，相反，你的存在也很动人、迷人。关键在于你要如何认识到并看到。

> **"你在人群里真的会发光，
> 你要知道并始终相信这一点。"**

1. 对内：以"我"的视角看待自己

不管我们的成长模式是哪一种，都有一个共同的"认知拐点"——你就是你，你就是自己的人生主宰。

你一旦捕捉到这个拐点，你会猛然间醒悟：

不管是被"复制名人"，还是被灌输"功利目标"，父母是出于爱的目的，将他们的人生经验传授给你，只是不怎么了解你，只有你自己最了解自己，只有你自己才能更好地为自己做决定；

你的情绪和感受只是告诉你"我不太舒服，我需要改变"的一个信号，你的感受属于你，你完全可以去控制它；

你会依照自己的意愿而行事，而不是为了证明什么、得到什么，自我的一切行动、情感、态度，全然地出于自我，对于你来说不管失败还是成功，都是你走向成功的开始。

于是，心坦然了，对自己也就坦然了，你会懂得如何更加宽容自己、肯定自己，认识到自己的价值。在这个世界上，没有一个人是卑微的，任何人都有存在的意义，任何人的诞生都给这个世界带来一份美好的礼物。

2. 对外：认识自己的优点，增加自信

去做一些你擅长的事情，不要过分地批评自己；

当为坏情绪、坏的人事所困扰，将关注点放在自己的优点上；

从朋友那里得到积极、鼓励的答案；

不要犹豫、纠结，给自己尝试的机会，大方地施展自己的才华；

……

希望大家都能够将"我"深深地嵌入身边的环境中，发现自己的优点，然后慢慢看清积极环境对自身的影响与塑造，并看到你自己的光彩如何带领你走向自信，走向更好的自己。

从宽恕自己开始

你看不见你自己,你所看见的只是你的影子。

——[印]泰戈尔《飞鸟集》

现实中我们常常碰到这样的问题:

"我喜欢上了一个不该喜欢的人,为此感到非常羞耻。现在他虽然离婚了和我在一起,可羞耻感始终伴随着我,我今后能幸福吗?"

"我休学过、复读过,现在在班级年纪最大,感觉和同龄人距离越来越远,因此非常担心,感到焦虑,每天都过得很煎熬!我讨厌这种感觉,讨厌自己,讨厌现在的生活,我该怎么办?"

"每次看到那些家庭富裕幸福的孩子,我都羡慕得心里发疼。可是谁让我命不好呢。我很想知道,像我这样的人,还能成功还能幸福吗?"

……

其实这些都在问一个共同的问题:

作为一个有着充满挑战的成长经历或负面人生经历的"我",是否还能过上一种"好的生活"?

首先,会发出这种疑问,说明你意识到了问题,这本身就足够欣慰。其次让我们来看看"好的生活"的定义。

你认为什么是"好的生活"?

_____

_____

当你做出这样的定义时,你眼前的生活好吗?

_____

_____

现实中很多人对"好的生活"的定义会与快乐感、满足感、富足感以及积极的情绪联系在一起,同时发现自己眼前的生活好像和"好的生活"有偏差甚至相去甚远。

为什么会这样?

因为以这样的方式来定义"好的生活"会造成2个问题:

不切实际,谁能够在生活中不经历失望、悔恨、羞愧、遗憾等消极情绪?

当把"好的生活"片面定义为积极的体验,那些消极体验才被看成不好的经历,是我们想要回避的。

同时"我"也不是固定不变的,我们的人生经历就是一个自我发展的过程,在这个动态的过程中我们整合、理解人生中的种种经历和体验。

有一个心理学家将自我发展过程划分为 9 个阶段：

阶段 1	"自我"的意识从无到有	孩子完全被冲动主导（饿了要吃，不舒服要哭）	一般发生在我们出生和学龄前，在成年人中非常少见
阶段 2		逐渐学会控制自己的冲动	
阶段 3		趋利避害（谁给好吃的就听谁的）	
阶段 4	尊奉阶段	一切遵循社会规范，有绝对的是非对错，思维方式刻板、单一（如父母说的一切都是对的，唱反调的都是错的）	
阶段 5	自我察觉阶段	产生基本的自我察觉，思考也多元化，但仍然受到社会规范、父母或同伴的强烈影响，不过开始反思其说的是否一定正确	常出现在一般成年人身上
阶段 6	公正阶段	建立自己的标准、规则，一旦违反产生罪恶感，对自己人生选择负责，希望获得社会认可的成就	

阶段6	公正阶段	建立自己的标准、规则，一旦违反产生罪恶感，对自己人生选择负责，希望获得社会认可的成就	
阶段7	个人主义阶段	越来越意识到自己是独立的个体，同时重视关系，对自己、他人开始变得宽容，容许不同存在，容许似是而非（"我要我觉得，但我也尊重你"）	对大多数成年人来说，一生的自我发展会停留在"遵奉阶段"到"公正阶段"这个区间，不再迈向更高的阶段
阶段8	自主阶段	不再为社会规则而活，不再一味追求成就，而是走向自我实现——尊重自己和他人的独立性，认识到内外冲突原本就是生活中的一部分，能够接纳和应对	
阶段9	整合阶段	自我智慧显现，对自己和他人具备更广泛的同理心，与自己的命运达成和解，能够调和内在的冲突，与时间种种"无解""求不得"和平相处	

（你可以对照表格内容，看看自己处于哪个阶段。）

当你摆脱"公正阶段"迈向更高阶段时，不仅懂得"好的

生活"也当有过挣扎、痛苦、遗憾、喜乐参半,更是内心强大而丰富。此时对你来说:

"失恋不是一件小事,完全可以伤心、值得伤心。"

"自己只是有点慢,但是慢不是滞后、不是落后。"

"人不是因好命而被爱,而是因真实而被爱。"

……

此时,面对生活,你不会为负面经历所包围,你懂得接纳并原谅,你健康并且成熟。通过成熟及自我的发展,每一个人都可以在付出努力之后踏上"好的生活"的道路。

那么,具体如何做呢?宽恕自己——

如果现在就把一切做好了,要这漫长的一生何用呢?

首先接受现实,接受全部的现实——"那时我已经尽力了"大多数这句话是真的,我们之所以做了一件事、一个不够好的选择,是因为那时的自己只能这样做,结果已经如此,不值得反复责怪、后悔、煎熬。

其次，对自己进行正反面宽恕。

1. 正面宽恕——接受并寻找意义

对自己或朋友讲述自己的负面经历，刻意让自己关注这件事情的积极影响，比如自己获得的经验，自己的心得感悟等，就能够很好地改善我们的心理状态。你可以通过分析、思考来进行：

这件事给你带来了哪些改变？获得了哪些新的经验？

经历了这件事，你看待自我、他人和世界的角度有了哪些变化？

你应对这件事时，有哪些地方是值得反思的？

你从中获得了什么？

记住，正是这些充满挑战、充满痛苦的经历才加深了我们对自己的认知，拓宽了自我的发展层次，从而使我们更成熟、更健康、更有能力应对世事变迁。

2. 反面宽恕——放下并寻求解脱

失恋了，你哭或者不哭，其实没有人在意；你命好还是不好，其实没有人真正关心；你是失败了还是成功了，其实并不耽误你体验人生……

这个世界上每个人都很重要,但是离了谁地球也都照样转;与你相同经历的人千千万万,但不是每一个都会因此裹足不前——不要把自己看得太重,其实你真的没有那么重要,也没有权利那么重要:

你一直锲而不舍地自我贬低,好像你有权利把你的生命踩在脚下,这是一种狂妄的无聊;

你容许自己一蹶不振,好像你有权利把人生破罐子破摔,这是一种盲目的无能;

你一味感受着痛苦,好像全世界都需要为你的痛苦买单,这是一种自私的无知;

……

学会看"轻"自己,不过分关注,不过分强求,"得之我幸,失之我命,如此而已",无须太过计较,对生活抱有更长期的期许,这会是心态上的一种成熟,心志中的一份淡薄。用这种心态做人可以让自己更健康、更大度;用这种心态做事,可以让生活更轻松、更踏实。

喜乐的心乃是良药

> 一个人有两个我,
> 一个在黑暗里醒着,一
> 个在光明中睡着。
>
> ——[黎]纪伯伦《沙与沫》

其实,从某种意义上来说,认识自己迷人的地方和懂得宽恕自己,是为了呈现出一个真实、自信、积极、大方的你,从而改善你以及你身边的人的感受、判断和体验,从而如菜鸟那样在人群中真正地绽放。

然而,在这个过程中我们又会受到一种"活跃"的因素——情绪——的影响,它会像二郎神的法术——变化多端。

比如,这一刻你还是快乐的,兴高采烈地与人侃侃而谈,下一刻可能因为他人的一句话戳到你的痛点,让你翻脸离去;出门前你的心情还很好,但是路上不小心与人发生争执,结果到了公司见谁都没好脸色……情绪左右着我们与人的相处方式及他人对你的感受、感知。

同时,情绪还会像传染病一样进行传染。

美国洛杉矶大学医学院心理学家加利·斯梅尔做了一个实验，他将一个开朗的人和一个整天愁眉苦脸的人放在一起，不到半个小时，这个乐观的人也变得郁郁寡欢了。随后，加利·斯梅尔又做了一系列实验证明，只要20分钟，一个人就可以接受他人低落情绪的传染。

这就是心理学上的"情绪效应"：情绪会通过你的姿态、表情、语言传达给对方一些信息，在不知不觉中感染到对方。

而人类出于"趋利避害"的本能，没有人喜欢和消极、充满负能量的人在一起。

我们可以做一个小小的"审查"：

你身边是否有总是抱怨或喜欢大倒苦水或总是莫名其妙生气的人？

_____

_____

（如果没有也请试想一下对这样的人）你和其他人与他相处得怎么样？对他是怎么评价的？

_____

_____

很多时候，看别人就是看自己。所以，当你觉得自己被讨厌、不受欢迎、没人喜欢时，你应该想一想：

与你相处时，你是否令人感受到了快乐？

你喜欢较真、钻牛角尖，还是懂得适可而止、微笑接纳？

你是经常打击别人还是经常鼓励别人？

你是否总在炫耀你的优越？

你是否经常生气、愤怒？

你传达给别人的是积极的力量还是消极的力量？

……

不好的情绪或负面能量，会遮挡你迷人的光，蔓延你的"黑暗"。

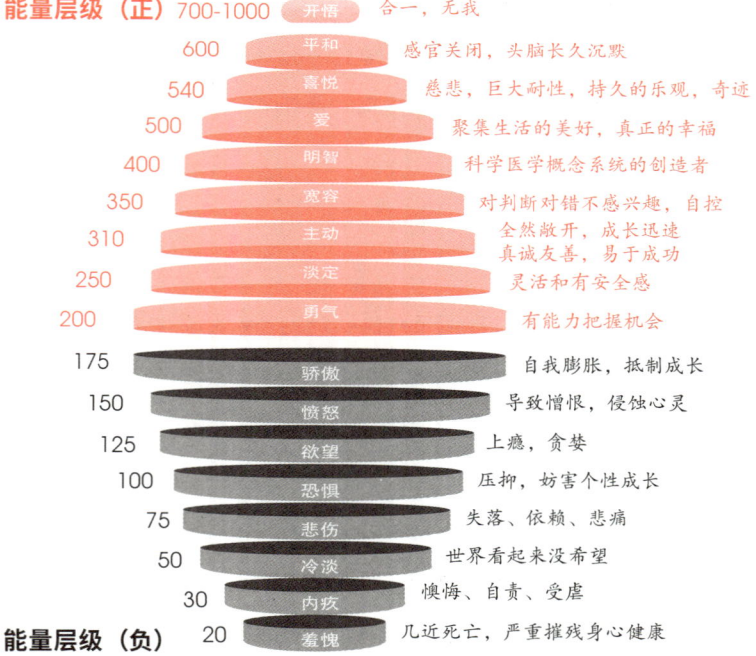

（说明：能量等级从0到1000；200以下为负面，200以上为正面。）

那么，不好的情绪和负能量都有哪些呢？

著名心理学家大卫·霍金斯，经过20年长期的临床实验，其随机选择的测试对象横跨美国、加拿大、墨西哥、南美、北欧等地，包括各种不同种族、文化、行业、年龄的区别，累积了几干人次和几百万笔数据资料，分析了各类情感的能量等级，如上页图。

也许你未必完全认同这张图，但这张图非常直观地让我们看到了什么是好的情绪及正能量，什么是坏的情绪及负能量，并且发现它们之间是对立的，也是可以转化的。我们可以借鉴这张图，静下心来观察自己处于哪种状态之中，最重要的是要让自己努力走向相应的正能量。

当然，如果照着这张图来看正能量，很多似乎有点不符合我们正常人的"使用范围"和"理解范围"。

比如"平和"，大卫·霍金斯的解释是：时空悬停了——没有什么是固定的了，所有的一切都生机勃勃并光芒四射。虽然在其他人眼里这个世界还是老样子，但是在这人眼里世界却是一个和宇宙源头进化一起协同舞蹈的，不断浮动进化的流转。一般人理解起来有点玄，正常人对"平和"的理解是温和、安宁，这也是很多人可以做到的。

因此，关于正能量，我们可以更简单地用"喜""乐"来概括：

"喜"——安静、冷静、平静、宁静、放松、焕然一新、和谐、当下充分休息；

"乐"——活力、精力充沛、兴奋、热情、全神贯注、多姿多彩、正面挑战、内外合一、自我提升、提升他人。

关于如何在"正""负"之间转化，更好地让自己长久地迷人、绽放，我们可以：

借助"喜"摆脱愤怒、怀疑、沮丧、担忧、急躁、压力、绝望、负面挑战、所有事情都是问题、关系是挑战……

借助"乐"摆脱怨恨、后悔、愧疚、嫉妒、挫败、羞耻、自卑、尴尬、责备、失望……

具体如何做？

> "让自己更好，离不开一个清醒的头脑，以及一个变得更好的方向。"

1. 让自己回归"喜"的状态

当自我陷入负面情绪当中，第一步要做的就是能够迅速地让自己安静、平静，比如，身体放松，然后进行深呼吸，缓慢地深呼吸。

我们的大脑只喜欢判断、控制，当负面情绪来临时，它会持续地给我们"讲故事"，支持着我们的这种负面情绪。但是我们的身体没有分辨之心，此时你进行深呼吸或走开，情绪就会被逐步阻隔，让自己回归到冷静、放松的状态。

2. 重新获得"乐"的力量

在你寻求冷静时，情绪转化其实就已经开始了。接下来，便是要让自己积极、主动去了解、沟通、解决问题。

第一步，如实表达自己的心情、想法、感受，并请对方理解包容。如果你能够不压抑自己，以一种非常坦诚、真诚的态度，如实去告诉对方，此时对方接收到的是一个充满诚意、真实的你。

第二步，将问题归结到自己身上，不管是什么原因引起了你的负面感受，都是因为你内在有这样的"种子"。一旦认识到这一点，你首不会去抱怨、责怪、争执，而是会努力去改变或转化这种状态，此时对方接收到的是一个积极、勇敢的你，对你的态度会极大转折。

第三步，懂得坦诚地求救，不需要不好意思，告诉对方你需要他帮助自己走出来或给一些建议。此时对方多半会心软，并感受到你对他以及这段关系的珍惜。需要注意的是，不要一味地找人求助，当别人给出的建议不错，你坦诚接受，勇敢尝试；如果你觉得建议不好或对方已经没有什么好的建议了，坦诚说谢谢并不再麻烦。

当然，喜乐不仅仅是一种情绪转化，它还有着更丰富的内涵，它在于你于父母、于世界获得的珍贵的自己，也在于你为认定的美好的方向而拼尽全力！它是我们的一种生活态度，也是一种非常美好、美妙的人生体验。

【感恩第 2 步】
致谢自己,活着的生命是不能隐藏的

一切都是最好的安排,走到生命的哪一个阶段,都该喜欢哪一段的时光,完成哪一段的职责,因此要喜欢自己、热爱自己,更是要懂得发现自己的好!

其实,这可以从语言开始,比如:

"没有人喜欢我!"	"我可以先让一个人喜欢我!"
"我没有办法!"	"我要试着换个角度看待这个问题。"
"这是不可能的!"	"我必须去试一试。"

左边的句子,就像困在一个圈中,文字的意思完全是静态的;而右边的句子,则有动感,是活的,是可以有所行动的——而这便是对自我的肯定,对自我的修正,能够让自己以更加积极、健康的态度去应对一切。

因此，请多多对自己说右边的话。你可以先做这样的练习，用正面的话来代替下面这些我们常说的负面的话：

"没有人爱我！"

"这样做不会有用的！"

"今天很辛苦，没有时间去想明天的事！"

"保持这个状态已经很好，不要妄想着改变了！"

"我天生就这样，怎么办！"

"我哪里会这么幸运！"

……

当你习惯了正面说话方式，慢慢地你会发现自己正在变得更好，更有力量。

101 次感恩 · 致谢自己 （2:16-34）

16. 感谢眼睛，可以看到美和希望。
17. 感谢耳朵，可以聆听爱与赞美的声音。
18. 感谢鼻子，可以闻到世界的芬芳。
19. 感谢嘴巴，可以说出真与善的语言。
20. 感谢手，可以创造，也可以握住那些美好的人。
21. 感谢脚，丈量世界，丈量人生，走出一片风景。
22. 感谢头脑，可以明辨是非，明澈当下。
23. 感谢心，可以对过去释怀，住着感恩的灵魂。
24. 感谢身体，强壮而灵活，快乐在我身体里循环。
25. 感谢清醒的自己，非常清楚正在发生的一切。
26. 感谢不完美的自己，我还可以做得更好。
27. 感谢悲伤的自己，我选择让自己被清理，疗愈和提升。
28. 感谢努力的自己，我在付出和给予之间找到了平衡。
29. 感谢坚持的自己，我带着喜悦消化着每一段经历。
30. 感谢坚强的自己，在失落彷徨的夜里，选择微笑。
31. 感谢完整的自己，知道生命所经历的美好和苦难。
32. 我对生活中的和平、爱和喜悦充满了向往。
33. 释放一切我不需要的烦躁、批评和谴责，我会活得很自在！
34. 知道自己的价值，也知道自己所追求的价值！我选择带着喜悦在生活中前行！

第三章 恩厚之力

第 3 堂课
寻找强大的能量源

这节课凤凰老师让我们去森林悬崖的最高处寻找森林里最强大的能量源,不能飞,必须一步一步爬上去。

刚来到悬崖下,孔雀立马尖叫起来:"天啊,太高太陡了!"说完尝试着爬了一下,然后就趴在一旁闭目养神。鹦鹉也点点头说:"嗯,确实难爬!"不过它还是在悬崖底下转来转去,嘴里还不停地嘀嘀咕咕,计算最佳的攀爬路线。

当然我没有鹦鹉那样聪明的脑瓜,算不出什么最佳路线,我也觉得悬崖很陡,不过还是可以爬上去的。我深深吸了口气,暗暗给自己打气:"加油,我行,我一定行!"然后朝着悬崖爬去。其间我有9次踏空差点摔下来,有5次累得动弹不得,好在我及时打住了要放弃的念头继续给自己打气。快到崖顶时,我往下看了一眼,孔雀已经睡着了,鹦鹉则因计算结果得出失败的结论,有些垂头丧气。

终于我登上了悬崖顶,可是上面什么也没有。

我从悬崖顶上下来,有些失望地对凤凰老师说:"老师,悬崖顶上什么都没有。"

凤凰老师哈哈一笑,说:"你已经得到了,世界上最强大的能量源就是相信自己!"

听了这话,我顿觉醍醐灌顶,孔雀和鹦鹉则红着脸低下了头。

你的意识与潜意识

> 深窥自己的心,而后发觉一切的奇迹在你自己。
>
> ——[英]培根

悬崖很陡峭,因此菜鸟、孔雀、鹦鹉都觉得"难爬"。这种"觉得"便是意识。

既然"感觉"相同,为什么菜鸟成功了,孔雀和鹦鹉却失败了?

这是因为它们潜意识对此认知不同。

当孔雀尖叫"天啊,太高太陡了",当鹦鹉只计算不实践时,它们的潜意识已经认定了"爬不上去"(拒绝失败),而菜鸟"觉得可以爬上去",在潜意识当中已经认定了"可以爬上去"这个"事实"(渴望成功),并通过不断鼓励自己"我行"来不断强化这个"事实",最终显化了这个"事实"(成功)。

所以你明白了吗?影响我们的不仅仅是意识,还有潜意识——

意识是大脑对客观存在的反应，是客观存在的主观印象，也是感觉、思维等各种心理过程的总和；

潜意识是人类生命历程中已经发生但未被觉察的心理活动，包括个人的原始冲动、各种本能以及出生后和本能有关的"欲望"。

那么，意识和潜意识如何影响我们？

我们可以先做一个自我分析：

说说对你打击最大的一件事情。

_____

_____

你为什么要去做这件事情？

_____

你对这件事情的主观感受是什么？

_____

为什么你会受到打击或失败了？与主观感受有着什么联系？

_____

比如，一场重要的考试考砸了。这场考试可能关乎你的学业、职称，为此你做了很多功课，但是临场紧张、担心、害怕自己考不好（主观感受），结果真的没考好。其实"想考好"是你的意识，是你需要客观面对的（影响你的学业、职称），但是"害怕考不好"是你的潜意识不想接受失败而产生的"主观感受"。当你没有认清，你可能会对自己调侃："哎，这都是命啊！"然而，著名心理学家荣格早已指出："你的潜意识正在操控你的人生，而你却称其为命运。"

现实中，有人会因为别人的赞扬而获得自信，有人会因为遭受羞辱而一蹶不振，有人可以凭借坚韧的毅力成就一番事业……细究的话，都是潜意识主观影响的结果。

意识的形成是人脑、客观存在、实践的有机结合，通常有4个途径：

信任之人的灌输，比如从小来自父母老师的教导和话语；

自己的亲身体验，比如曾被火烫伤而知道火很危险，会伤人；

观察他人的经验，比如见到他人做了不好的事情而痛苦，从而知道某些事情不可以做；

自我的觉知总结，比如遭受他人拒绝，苦思之下，终于明白自己的行为伤害了他。

因此意识是相对"客观"的。

但是潜意识则完全"主观"，它体察、认知环境，并不是靠你的五官，而是以直觉去认知，它是情感、情绪所积聚的地方,也是你记忆的"储藏室",并且它不会"明辨是非",你输入什么,它积聚什么、储藏什么。

比如,你说:"我不能做这件事""我太老了""做不到""我病得很重""我很痛苦"……潜意识不会觉得这些是不好的,它会照单全收,并且会根据这些想法让你产生相应的反应。也就是说,如果你给予了潜意识错误的提示,它也会把错误的提示当成正确的,并展开行动,使这些错误发生,并变成事实与经验。所有发生在你身上的事情,都是根据你所相信,且印入你的潜意识之中的想法而发生的。

也正是如此,你的意识习惯想什么,就会在你的潜意识里留下什么,发生什么样的作用。如果你习惯性的想法是积极的、平和的、感恩的,这对你来说就有极大的好处。因此——

意识之光,可以照见潜意识

1. 让大脑更聪明、更有智慧

好比建设高楼大厦需要打好基础一样,如果你追求成功的人生，就应该不断地学习，提升自己，让大脑更聪明，更富有创造性，给潜意识输入更多的专业知识、成功信念以及相关的最新信息；如果你追求喜乐的人生，就要时常知足、感恩，让大脑更智慧，给潜意识输入更多的宽容、友善、爱等情感体验。

为了更好地对潜意识进行"映射""输入"，我们可以采取一些辅助手段，如有意识地去做内容重复输入，重复强调，也可以借助简报、日记、笔记、电脑文件等形式，让自己时常看到，不自觉地去强化记忆、强化输入——总之，要不断地重复、不断地想象、不断地自我确认、不断地自我暗示，为我们的智慧开辟广阔而深厚的基础（很多人试了这个方法，没有效果，原因是他们重复的次数不够多）。

而当我们潜意识积累足够丰富时，"灵感"便会产生。比如，不少人苦思冥想一个问题，结果却在梦中，或在洗澡时，或在走路时，解决的办法突然就从大脑蹦出来了，这都是潜意识的积累。

2. 训练对潜意识的控制能力

珍惜原来潜意识中积极的因素，并不断输入新的积极因素，使自己积极的心态占据统治地位，成为最具优势的潜意识，甚至成为支配我们行为的直觉习惯和超感（上一步的做法）。

另外，对一切消极失败的心态信息进行控制，不要让它们随便进入我们的潜意识，通常有两个办法：

立即制止它　回避它，不要让它污染我们的思想，对过去无意中吸收的消极失败，潜意识永远不要提起，让它遗忘，深埋；

进行批判，用积极的心态、观念对它进行分析、批判，这个过程会是你的一次蜕变，不好的潜意识会像毒草消零化成肥料一样成为积极潜意识的养分。

当我们完成了这样的"改造"，就可以给潜意识"指令"，比如反复下达这样的"指令"："我该如何开辟这款新饮料的市场？""我该如何去原谅他？"……还可以把指令化小："开辟这块市场第一步我要做什么？""我该先原谅他哪一点？"……反复下达指令，潜意识就会为你找到"灵感"。

3. "吸引力法则"运用

（这是我们下一节要讲的主要内容。）

一定要相信相信的力量，每当你怀疑的时候，效果就会消失。相信你可以与潜意识沟通，相信你可以做好，相信你有能力，相信你可以面对……

我们内在的信念吸引与创造外在的一切，内在足够丰盛外在才能显化丰盛。

"吸引力法则"奥义

> 一个人的真正价值首先决定于他在什么程度上和在什么意义上从自我解放出来。
>
> ——爱因斯坦

当你听到成功、财富这两个词时,你会联想到什么?
_____
_____

当你要去追求这些东西的时候,你想到的又是什么?
_____
_____

此时你所想到的与你的现状有什么关系?
_____
_____

成功、财富是每一个人都想要的,但是当想象要去追求这些时,有的人随之而来想到的是困难、压力,感到遥不可及;有的人随之而来想到的是学习、创业、创造,感到充满动力。

而"感到遥不可及"的人，现实中往往也真是如此；"感到充满动力"的人，现实中则看到的往往是机遇，以及为此做出的努力。

这就是"吸引力法则"：

世上万事万物都由能量组成，根据量子力学，能量其实只是一种振动频率，每一个物质都有它独特的振动频率；

我们的思想、意识、情绪……也是一种能量，也会产生某种特定的频率，同时它会吸引同样的频率，引发共振，从而将我们思维活动中所涉及的任何事物吸引到我们的面前。

不管有没有学过"吸引力法则"，它对每个人都会起作用，而且是无时无刻地。

比如，你很乐观，觉得什么事情都会往好的方向发展，生活通常顺风顺水，即便遇到一些波折，很快就能过去；如果你每天都在抱怨，陷入恐惧、不安中，经常认为有不好的事情会发生，通常你认为的事情真的就发生了。比如，人际关系，相同兴趣爱好的人形成圈子，对一个新认识的人一见如故、似曾相识、惺惺相惜……

通常我们生活中存在3种吸引方式：

无意识的吸引，你每天这样过日子，但是你没有觉察到自己把某些东西吸引过来了；

有意识的被迫吸引，你觉察到这样做不行，不应该有这样

的念头,但是你就是控制不住不去想它,这样一直去思考负面的情况,就会吸引负面频率的东西来到你的身边;

有意识的吸引,就是说你可以控制你的念头和潜意识,可以让它们互相配合、匹配。

但是不管是有意识吸引还是无意识吸引,我们都要明白:

当我们内在是积极的、和谐的、丰盛的,我们就可以有机会创造我们想要的;当我们内在消极、失调、匮乏时,便要懂得疗愈、清理自己。

比如有一个女人,她一直觉得自己婚姻很不幸,想离婚(有意识的被迫吸引),为此她觉得丈夫对她更不好了,她甚至怀疑丈夫出轨,公婆跟着丈夫一起欺负她,邻居也都在嘲笑她——婚姻家庭乃至邻里关系一团糟。最终无法忍受这种折磨,她去看了心理医生。

当她把自己的烦恼一股脑儿地向心理医生倾诉时,心理医生平静地对她说:"我没有指责你的意思,只是想请你想一想,你为什么吸引这些?想一想如果离婚了,下一个会不会还是这样?因为你拿了一个'受害者'的剧本,把身边所有的人都当成了'加害者'。如果你认识不到这一点,离婚找下一个,不过是吸引同样的资源来陪你继续这出戏而已。"

后来通过咨询开导,她慢慢地走出"受害者"角色。现在已经重组家庭,很幸福。

所以,"吸引力法则"的运用不是让我们做"想要什么就能有什么"的白日梦或愿望提取机,而是努力让自己的内在积极、和谐、丰盛,进而通过行动"映射"到我们现实之中。

如氧气之于呼吸,
让正面的吸引始终充斥着我们的生活。

---

1. 觉察自己的内在状况

注意自己每个起心动念。我们的念头并不是简单的一句话,还有念头背后的初心——我是带着一种什么样的情绪和目的发出这个念头。

我们需要学会的是更加主动察觉自己的念头,保护自己内在和信念,不断地察觉自己、疗愈自己、清理自己。

具体的做法可以将你想要的写出来,认真审查这个事物给你的感受,当出现"不值得""做不到""得不到"等想法时,可能你的内心是匮乏的,你没有足够的自信去应对这一切,也可能是这个事物不是出于你的初心,是可以不要的。不管哪一种情况，只要是出现消极的念头、感受，都需要我们去清理、调和。其实这种内在状况就是你的意识和潜意识。

2. 相信并且行动

相信是非常强大的力量，当你通过第 1 步，将自己的内在保持、疗愈到积极状态，你就正在相信这一切，相信你在积极状态下所做出的追求，相信这种追求能给你带来巨大的改变，不要怀疑，不要猜测，然后抱着无比强大的信念去行动。

需要注意的是，很多人在学习"吸引力法则"时，只停留在"想"也就是"相信"的层面，这是不够的，你必须做出相应的行动，让达成目的的人、事、物进入你的生活。因此你必须有非常明确的人生目标（下一节中将会详细阐述）。

3. 学会感恩

感恩所散发出来的幸福感频率会"同类相吸"更多的幸福事物。我们可以借助实物作为感恩物，时时提醒自己，如我们的《101 次感恩》。

每个人的生命和这个世界都是一种频率振动，一个感恩人就是一个安乐、安宁、丰盛、喜悦的频率，可以带给周边的人、事以及环境一种和谐，一种喜悦，一种祝福。

我的人生目标宣言

> 人生的意义不在于他所达到的，毋宁在于他所希望达到的。
>
> ——[法]纪伯伦

虽然很多人知道了意识、潜意识以及"吸引力法则"，也一直激励着自己要积极、要努力，可还是无奈地会陷入迷茫、迷失之中，这就好比人生的船只有了强而有力的双桨或动力，但却茫然不知该船只正在驶向何处或将要驶向何处。

所以目标很重要，也有太多的故事道理告诉我们这一点，然而，现实也存在着这样一种现象：有目标，但依旧不快乐。

你可以审视一下自己：

你的目标是什么？

_____

_____

为了实现目标你付出了什么？是否快乐？

_____

_____

现实中，很多目标性很强的人忙碌有余却快乐不足，为什么？我们先来看一个真实的故事。

一位名叫斯尔曼的残疾青年，他的一条腿患上了慢性肌肉萎缩症，走路都很困难，可他凭着坚强的毅力和信念，创造了一次又一次令人瞩目的壮举：19岁登上珠穆朗玛峰；21岁登上阿尔卑斯山；22岁登上乞力马扎罗山；28岁前，登上了世界上所有著名的高山。可是就在28岁时他自杀了，为什么？

因为，他征服高山不是出于自己的人生追求，而是来自父母的"遗愿"。

有记者了解到，在他11岁时，父母不幸在攀登乞力马扎罗山时遇险，临行前父母给他留了一份遗嘱，希望他能像他们一样登上世界那些著名的高山，并列了高山名单。

而父母留下的遗愿本意是为了让他能够拥有坚定的人生信念，是为了激励他的人生。当斯尔曼以此为人生目标时，目标实现即便能够带来名望、地位，但不是他真正想要的，他感受到的不是满足、喜乐，而是痛苦和茫然，失去人生的意义。

在他自杀现场，人们看到了他留下的遗言："这些年来，作为一个残疾人创造了那么多征服世界著名高山的壮举，那都是父母的遗嘱给了我生命的一种信念。如今,当我攀登了那些高山之后,功成名就的我感到无事可做了……"

因此,很多时候你以为的目标可能是"伪目标",是他人、现实、这个社会以及扭曲的价值观"强加"给你的,并不是你出于自身真正的追求、需要。为此倾注心血、精力,并不会给你带来快乐、满足,让你寻找到人生的意义。

举个最普遍的例子——挣钱。钱很重要,很多人的生活也都是在为钱奔波。可是挣钱只是我们需要面对的一个生存现实,我们需要金钱本意只是为了能过上衣食无忧的生活,并获得自立和自由。

然而,当窘迫或势利的现实激生出你对金钱的占有欲,让你将挣钱当作人生目标,比如规定自己必须挣到 100 万、1000 万,挣钱这件事情便会开始奴役我们:为了实现这个"数字"你用尽所有的时间和能力,忙于应酬,没有时间陪伴家人,没有时间交友、旅行……不懂满足,不给自己任何喘息的机会——"目标"早已与我们的本意背道而驰,我们所追求的也并非真正需要的目标。

所以,没有目标迷茫、痛苦,但"伪目标"也会让我们迷茫、痛苦。

我们值得为此付出一生的所在，才是真的风景！

1. 寻找人生真正珍贵的并能带来喜乐的所在

在确定我们人生目标时，先要懂得抽丝剥茧，明白自己真正的追求所在，这个目标所能带给我们的意义所在。因此我们可以这样操作：

请写下 5 件你认为最珍贵的东西。

（生命、金钱、名誉、地位、事业、理想、信仰、自由、健康、爱情、亲情、友情……一定想好了再写，要真实。）

_____

_____

请认真考虑后，放弃其中 2 个，并写明理由。

_____

_____

其实这是一个探求人生意义的过程。在这个过程中你所珍贵的东西并不会真的一一消失，我们每个人都很富有，都拥有常人所拥有的诸如亲情、爱情、健康、事业、生命等财富。这个选择的过程只是让你心中了然，何为本何为末，不因现实、心念的繁杂，执着于错误的目标或偏离目标，从而本末倒置。

也就是说，你的人生目标应当是你最为珍视的两三个意义所在，这样目标才能赋予我们长久的人生期待，在为目标付出努力的时候才能始终坚定、喜悦。比如，你所珍视的是健康、自由，那么金钱只是手段，你的人生目标不是在于挣钱，而是让自己如何更自由、健康地生活。

2. 发出目标宣言，明确人生要达到的风景

通过前面一个步骤，我们已经知道丰饶的内心、精神的幸福、高洁的理想……对人类来说最重要的东西，是真正能够赋予我们人生意义所在，但这只是一个"概念"，需要你清晰具体地描绘出来，也就是发出你的目标宣言。

如我们牧牛商学院的一个运营员，他的人生目标是知识分享及自由的生活，他的"人生目标宣言"是这样的：

成为一名出色的商学院运营员，更加深入地探索区块链世界的魅力；

每天将自己最新的洞察分享给大家，让更多的人认识到这一未来趋势，让牧牛商学院充满爱与知识的味道；

目前我通过知识分享赚取佣金，账户上有一定的积蓄，已经可以保证自己及家人生活，因此收入不是最重要的，最重要的是如何迸发更多的可能性，让自己成为一个更有趣的知识分

享达人；

对于这个领域，一个人的力量和视野是不够的，承认自己的"无知"和局限，与更多的人学习、交流；

闲暇时间做自己喜欢的事情，每个月去旅游一次（哪怕是近郊游），做一个"微公益"，然后支助有需要的小朋友。

因此，在根据第1步先明确人生目标时，你的"人生目标宣言"应当具备以下几个方面内容：

明确自己的位置，知道自己正在做什么，能干什么；

创造每日的历史，花心思比昨天做得更好；

知道收获与方向，看到自己得到的回报，懂得知足、感恩并明确正确的方向；

拥有轻快的心灵，力所能及但不强求，始终保持着淡定、从容；

重视窗外的风景，看到手中的事情，但更懂得要眺望窗外，收获美好。

所以，没有目标或面对的是"伪目标"时，我们应当懂得运用以上的方法，发出"人生目标宣言"，来对自己的人生方向进行"拨乱反正"，这样我们才可以从目标之中，持续获得奋斗的动力，并真正感受到安宁、富足。

【感恩第3步】

致谢信念，
你微笑世界就微笑

关于人生，很多人存在2个困扰：对现实的耿耿于怀，对未来的惴惴不安。这都涉及时间。因此我们可以用津多巴时间观念测试来寻找最好的人生态度，最强大的信念支撑。

心理学家津多巴把时间划分为过去、现在和未来三个维度，每个维度又细分为两种时间观，如下表。

	积极的过去时间观——美好回忆	消极的过去时间观——糟糕回忆
过去	铭记发生过的好事	关注坏事，感觉自己失败
	有关家庭和传统文化的记忆	对错失机会而感到悔恨的记忆
	享乐主义的现在时间观	宿命主义的现在时间观
现在	回避现实，享受当下	相信一切命中注定
	寻求感觉刺激	不受人为力量的影响

未来	未来时间观	超未来时间观
	重视工作目标和计划	相信来世、转世
	可以抵制眼前诱惑	被宗教影响

你可以对照上表看看自己各个阶段处于哪种观念之中。

津多巴教授所建议的最佳组合：强烈的积极过去，适度的未来导向，适度的享乐现在，弱的消极过去，弱的宿命现在。

最好的态度就是满足于现在，不满足于未来。

101 次感恩 · 致谢信念（3:35-46）

35. 感谢非凡的认知，可以捕捉到智慧的信息。
36. 感谢觉察的能力，一切非常敏锐，一切三在变得更好。
37. 感谢负责的行为，全然掌控着疗愈和进化过程。
38. 感谢目标的力量，一切不再出于恐惧、匮乏，你很清楚自己的天赋和使命。
39. 感谢选择和决定，了解世界真正的美好并正在路上。
40. 感谢幸福的频率，通过思想和情绪共同创造现实。
41. 感谢灵魂的共振，喜欢之人永远不会生疏。
42. 感谢"天道酬勤"，勤奋可以赢得尊重。
43. 感谢"地道酬善"，上善若水，人生善行。
44. 感谢"业道酬精"，这是能过好一生的最好资本。
45. 真正的信念，自利利他，将生命全然地去绽放。
46. 安心、静心地享受物质和精神的丰足，为自己和他人创造更丰盛、和谐的现实。

第四章　承恩遇见

第4堂课
共同走出沼泽

这节课凤凰老师让我们一起走出森林的那片大沼泽——没错,是靠走的!这对已经习惯飞的我们来说真是一个大挑战。

一开始,孔雀背着我和鹦鹉走,因为它有着大长腿,迈一步是我们的好几步。可是很快孔雀就累得气喘吁吁。突然,它猛地将我和鹦鹉抖下背,有些生气地抱怨:"真倒霉,你们会耗死我的!不管了,我先走,在前面等你们。"说完径直往前走去。

鹦鹉气得大骂。我觉得可以理解,连忙说:"别生气,我们不能一直依赖孔雀的。不过真希望自己也能有它那样的大长腿,真快!"

鹦鹉听了这话灵机一动,给自己找来了两根长树枝,绑在腿上,哈哈大笑说:"菜鸟,我也有大长腿了,我先走了,在前面等你。"

还可以这样操作？我完全被鹦鹉的聪明才智折服了，对着它的背影大喊道："鹦鹉你真是太聪明了！"说完也学着鹦鹉给自己弄了一副大长腿，快速追上它们的步伐。

可是才走出不远，我发现孔雀和鹦鹉陷在了沼泽中，连忙停下，将它们拉了出来。

孔雀有些不解地问："你为什么不自己先走？"

"为什么要先走？"我回答，"我们需要一起走出去啊。再说，如果不是你们我绝对想不到这么妙的主意。"

孔雀和鹦鹉羞愧地红了脸。

接下来我们三只鸟彼此照应着一起走出了沼泽。凤凰老师满意地点了点头，大有深意地说："很多时候我们无法单独走出沼泽，需要彼此的力量，但这个过程又很艰辛，需要学习、尊重和理解、珍惜，希望你们都明白了这节课的内容。"

人际"边界"

> 公生明，诚生明，从容生明。
> ——《格言联璧·接物类》

几乎每一个人身上都有着很多标签，父母的孩子、孩子的父母、妻子/丈夫、领导/员工……

那么，你身上有几个标签？

_____

_____

这些标签赋予你的是什么？

_____

_____

很多人以为那些标签就是他自己，认为活着就是做好自己的本分，尽到自己的职责：很努力地想要做人人都夸的好儿女、好爸爸/妈妈、好丈夫/妻子、好领导/员工……于是，你努力学习、努力工作，甚至"无私"奉献一切，可是你依然发现，很多人事都在超脱你的掌控，为什么会这样？

有这样一个案例：

妈妈希望儿子从事金融类的"体面"工作，从小也是尽量往这方面引导，孩子一直以来也都非常努力，可是在大学毕业时，孩子突然说要去非洲当志愿者。妈妈非常不理解，感觉孩子怎么突然就'叛逆'了，而孩子也非常痛苦，感觉妈妈一点也不了解自己。为此两人相持不下，关系一度紧张，这个妈妈也非常痛苦。

是妈妈错了还是孩子错了？其实，这并非一道是非题，而是一道认知题。很多时候我们所面临的人际关系并没有对错，只是认知不同。

心理学上有一个情绪 ABC 理论：

A 是事件，B 是认知和评价，C 是情绪和行为结果；

A 只是引发 C，而直接影响 C 的却是 B。

如案例中，事件 A 是孩子要去非洲当志愿者，结果 C 亲子关系紧张，而产生 C 的真正原因是认知 B 的不同：妈妈认为金融工作是最正确的选择，孩子觉得去非洲当志愿者才能实现自我价值。其实，孩子已经长大，他的人生是他自己的，作为妈妈可以提出建议，但更要学会尊重并祝福。

再如，2020 年新冠肺炎疫情期间，很多人在这次疫情中也纷纷宣称自己已经洞察到了人际关系中的"真相"："三观不和，不必浪费时间""相处不累，才能久处不厌""生命最糟糕的不是孤独终老,而是与那些让你感到孤独的人一起终老"……

于是,当3月份来临,有人忙于复工、忙于找工作,也有很多人忙于离婚。我们时常在新闻中看到婚姻登记处"天天爆满"的"盛况"。而这只是我们人际关系的冰山一角,还有家庭关系、亲子关系、师生关系……如果这些关系也能"离婚"的话,估计也会出现"盛况"。

为什么会如此?有人将此归结为"距离太近,互相伤害",每天生活在同一个环境之中,彼此的缺点放大,让矛盾加深。其实不是"距离"放大了缺点、矛盾,而是逼仄的时空让我们对彼此的"关注"太多了,同时忘记了身边的人都有自己的习惯、看法、态度。

比如,往常的日子忙忙碌碌,丈夫下班回家看个手机你觉得这是一种放松,孩子从学校回来,调皮贪玩你觉得是孩子的天性。可是疫情期间你的日常却变成了:起床,骂老公、骂孩子;吃饭,骂老公、骂孩子;打扫卫生骂老公,辅导作业骂孩子;睡觉,骂老公、骂孩子。为什么会这样?因为你的眼睛"黏"在了他们身上,并且以自认为正确的标准来要求他们。可是在老公看来,闲着也是闲着,看看手机没什么,在孩子眼中玩才是正事。此时你要做的不过是清晰明白地告诉他们,你的一天是如何计划的,你需要他们配合着做什么,然后彼此之间都有着自己的独立时间。

很多时候我们都会认为是事件 A 直接导致了人的情绪和行为结果 C，往往会忽略 B 的存在，更是会从爱和自身职责出发，将别人强行纳入自己的"权利领域"，什么事都当成自己的事，过度关心，过度关注，从而丧失了分寸感，导致关系紧张。其实，真正爱的关系、健康的关系一定是有分寸感、有边界感的。

拥有边界感，
才能拥有舒适的人际关系！

1. 从 A 出发，洞察人际的 3 个边界

这个世界只有 3 件事：

自己的事；

别人的事；

老天的事。

这三件事已经清晰划分了人际界限。我们首先要看清是谁的事，然后采取不同的态度和方法。

需要注意的是，孩子、父母、配偶、朋友等，你身边最亲近的人也是别人，这并不是冷漠、没有感情，而是一种心理上必要的理智和尊重，是你将他们看成独立且完整的生命来对待，彼此之间不是依附与被依附的关系，是一切尊重与理解的前提。

在崇尚理性、尊重隐私和规则的社会中，"人际边界"是个人交际能力的基本素养也是基础的交往智慧，也唯有独立、完整的个体之间彼此尊重、理解，才是最深厚、最真实和最有价值的关系。

2. 从 B 出发，有分寸感地交流、相处

当一个人缺乏这种界限感时，常常把自己的事托付给他人，邀请他人跨入自己的界限，也常常把自己的意愿强加于他人，强行跨入他人的界限。

比如，那句简单的"我是为了你好"，往往成为亲子关系中最大的烦恼源：父母用心良苦，孩子不接受，关系紧张恶化。其实身为家长，如果没有做好孩子独立的思想准备，就不再是孩子离不开父母，而是父母习惯了"占有"。

我们每一个人都是独立的个体，都有自己的自尊，都需要私人空间。朋友之间，保持分寸；夫妻之间，保留空间；亲人之间，留有距离……能让我们的沟通和相处更舒适。

因此，我们要始终明确一点：每个人都有自己的路。正确的做法是：

对自己的事——尽力，自己的事只能自己去做，不依附他人；

对别人的事——尊重，别人的事，只可以尊重和接受，不要强加干涉，也不应该干涉；

对老天的事——顺从，好好配合，天下雨就打伞，生在普通的家庭，就好好享受普通的快乐。

3. 从 C 警醒，学会管理和调整自己

其实，一件事情引发的任何情绪和行为结果，很大程度都是我们自身因素引起，因为自私、因为依赖、因为不愿意试着理解、因为不愿意改变、因为不愿意接受……

如前文案例中，导致与孩子关系紧张及妈妈痛苦的原因在于：妈妈不愿意接受孩子的"改变"，与孩子现在的关系让她感到无所适从，对孩子未来充满担忧焦虑。

其实，当一件事情来临时，我们更应该学会控制和调整自己，将 C 引导到良好的一面：

忽视自己的身分，心里始终有着明确的界限，并时时提醒自己，如心里不舒服时，先问问自己："此刻我管着谁的事？"

具备一定的洞察力，在事情中发现彼此的内在需求，增进

了解，如案例中妈妈其实是希望孩子有一个更好的人生，但是孩子已经想要一个更好的世界；

不为无法改变的事情担忧、焦虑，让自己更加的宽容、豁达，告诉自己"他的想法很了不起"，相信对方的初衷、努力，并为对方感到骄傲。

控制别人——痛苦，控制老天——焦虑，管理自己——踏实；活在过去——痛苦，活在未来——焦虑，活在现在——踏实。因此，最为关键和重要的还是自己，要努力让自己成为充满阳光的人，带给身边的人足够的尊重、温暖和快乐。

做阳光的普通人

> 只要我能拥抱世界,那拥抱得笨拙又有什么关系。
>
> ——[法]阿尔贝·加缪

如果让你在身边的人中选出最值得交往的 3 种人,他们是谁?

_____

_____

你又是哪一种人?

_____

_____

有人说,人生最值得交往的 3 种人:

入世的强者,有着巨大的成功,与其携手,可以看得更远、走得更快;

出世的智者,超然而独到的智慧,往往寥寥数语就可当头棒喝,令人醒悟;

阳光的普通人,正能量,不抱怨,相处轻松愉快。

对于大部分人来说，遇到强者是运气，遇到智者是机缘，我们身边嬉笑怒骂多是普通人，我们自己也只是其中一员。对于我们每一个人来说，阳光的普通人更为真实而珍贵。

新冠肺炎疫情期间，为了缓解病房沉重的氛围，也为了给自己加油打气，一个小护士在防护服上写下了"胡歌老婆"4个大字，并将照片放到了微博上还@胡歌。胡歌发现了以后马上给予了暖心回应："你是最美丽的小光头，没有你和战友们的坚守和无私奉献就没有全国人民的健康和幸福生活。期待疫情早日过去，期待早日掀起你的'盖头'。这个名字暂时借你一用，之后记得还给我哦。"——这世间能够共同去经历一件事情，便是最奇妙的缘分，能够彼此鼓励和支持便是最美好的结果。

牧牛商学院一个成员经历了人生低谷，另一个成员安慰他说："你的未来一定会好起来的，至少比现在更好。我知道你现在不相信我说的话，所以我来替你相信。"这句话就像一股暖流瞬间点亮了那个低谷的成员双眼——不论我们自己相不相信自己，总会有个人一直替我们相信着。

……

然而，我们感受着美好，也同样感受着现实的冰冷。

就像疫情期间，我们一方面感动于大家的众志成城、陌生的温暖，另一方面也为恶意的揣测和谣言攻击而心寒、愤怒。为什么会这样？

在关系中，我们与他人的关系就像是背影和三面的关系，我们只能猜测正面是什么样的，并不知道正面的真相。此时出于恐惧、害怕伤害等天性，很多人习惯性地用冷漠、猜测，甚至猜忌来代替现实，于是因为对方不擅表达，心生怀疑，开始排斥、淡漠；因为对方的一个失误，觉得利益被侵犯，生气、愤怒；因为对方做了讨厌的事，有了疑虑或心有不甘，冷嘲热讽……

但是很多时候情况却是这样的：你眼中那个离经叛道、不可救药的孩子，他可能正承受着孤独和烦恼，他需要的也许只是你出于善意的倾听；当你嘲笑朋友频繁跳槽好高骛远时，他可能迫于面子隐藏了自己的无奈遭遇，他需要的也许只是你一个理解的微笑；你觉得一个人嗜钱如命时，可能背后隐藏的是他心酸的往事，他需要的也许只是你一句肯定的话语……

在第一章中我们就说过"你相信世界什么它就是什么"，当一个人内心充满负面能量时，眼中的世界便是狡诈、欺瞒、险恶的，它们深深地"伤害"着我们的人际关系。而现实中也没有人会喜欢与充满负能量的人交往。

所以，即便普通，也是奇迹般的相遇，本身就弥足珍贵，足够我们去珍惜；即便普通，也要努力让自己阳光，彼此之间依旧能够带来人生丰富的感动、温情以及强大的能量。

> "内在阳光明媚,
> 无惧外在风雨交加。"

---

1. 珍惜"同行之义"

村上春树曾写过这样一段话:

"你要记得那些黑暗中默默抱紧你的人,逗你笑的人,陪你彻夜聊天的人,坐车来看望你的人,陪你哭过的人,在医院陪你的人,总是以你为重的人,带着你四处游荡的人,说想念你的人。"

"走在一起是缘分,一起在走是幸福",只要你足够有心、细心,都可以发现一路走来,自己并不孤独,一路走来,与你同行之人早已给了你足够的陪伴、信任、关怀、安慰、体谅……收获生活的点滴情谊、乐趣以及感动,不要让心蒙了尘,凉了人生的温度。

因此,当你与朋友发生误会,当你与邻人、同事发生矛盾,当你与路人起冲突的时候,我们都需先退一步想想,我们遇到的每一个人都弥足珍贵,都需要我们以诚意、善意来对待和珍惜。

其中,不用自己的标准来衡量对方,就是最大的善意。李安接受一个采访时说:"对人有火气的时候要想一想,每个人都尽力了。"不要妄加猜测,学会站在他人的立场去看待,虽然你不一定能认可对方,但最起码可以试着将心比心的理解。人生这么难,各有各的不容易,最难得也最温暖的是体谅。

2. 保持"赤子之心"

地球是自转的,每个人的境遇都会发生一些改变,包括你我。但不论如何改变,都要好好准备,并始终拥有一颗"赤子之心",如同孩子一般,真诚、阳光,那么要如何做呢?

清洁／纯洁／圣洁胜过罪／情欲——我不能妥协或的正直;

和平胜过纷争——我不能以怒制怒;

温柔地为人着想胜过顽固／自夸——我不能漠视你的感受;

谦逊的胜过自私／嫉妒——我不能蔑视你的发言;

满有恩慈和善果胜过势力／属魔鬼的——我不能放大／夸大你的错误;

没有偏袒和虚伪胜过伪装／说谎——我不能掩盖我的意图。

守住自己阳光明媚的内在,眼中的世界便会始终动人。愿我们都能成为世间的至善之人,来温暖这大地、这世间!而在现实生活中,普通人最大的阳光便是爱及爱的陪伴。

爱,时间最清楚

> 心灵不在它生活的地方,但在它所爱的地方。
> ——英国谚语

让我们快乐,其实一件事就够了,那就是爱!

哈佛大学曾进行了一项成人发展研究,在长达75年的时间里对近300名被试者生活的各个方面进行记录。

在这个实验中,有一个被试者在实验初期对未来的稳定性估计是所有被试者中最低的,甚至尝试过自杀。但是在其一生结束时,他却是最幸福的人。为什么?研究者解释说:"他一生的时间都在寻找爱。"

研究也证明了:爱是唯一让我们幸福的存在,至少对于长期的幸福和生活满意度而言。

那么,你认为爱是什么?

对爱最大的伤害是什么?

可能很多人会觉得爱是本能,爱是最真的情感,爱是一辈子的承诺……甚至会有人很文艺地回答"爱是一幅山水画,洗去铅华雕饰""爱是一首深情的歌,婉转悠扬'……都没错,但我们要告诉你的是爱是动词,不是名词,爱的背后必然带出行动,并被时间证明。

就像一个商学院成员说的那样:"什么是爱,就是在我人生低谷时,她告诉我'对不起我不能帮你回到过去,但是如果你愿意,我会陪着你一起去一个新的地方',而她做到了!现在我有新的烦恼,但因为有她的一路相伴我也有着新的期待。"

而对爱伤害最大的,不是贫穷、挫折、苦难,而是糟糕的关系——剑拔弩张的家庭关系,冷冰冰的没有爱意的婚姻关系,紧张的亲子关系……

有一个人在商学院里,讲了发生在自己身边的一个故事:

有个孩子的父母离婚,妈妈在这场婚姻中什么都没有得到,爸爸允许妈妈住在原来的房子里照顾他。爸爸偶尔会回来,但是一回来就打骂妈妈,嫌弃她各种不好。而妈妈则是祥林嫂,滔滔不绝地把所有不幸向人倾诉,包括他的班主任、同学。孩子觉得自己仿佛被脱光了衣服，赤裸着供人评头论足。一直以来，爸爸从来没有给过他爱和温暖，就连妈妈也是把他当成筹码，现在这个孩子上了高中，他看透了，关起了自己的心门，患有中度抑郁。

听到这个故事时，我们每个人都沉默了。这个孩子就当前来看，最好的解药就是父母的温暖，只有父母的爱才能融化他那颗冰封的心，可惜他很难得到了。

现实中，我们也常常遇到关于爱的 3 个问题：

爱与成长，爱也需要"成长"，但是很多人并没有意识到这一点，如很多父母对待孩子的方式并没有因孩子的长大而做出任何改变，夫妻无法共同进步，没有共同语言……

爱与风险，爱与风险并存，如会爱上别人、选择了他可能要过苦日子、朋友的离去、忘恩负义……

爱与独立，爱要有"度"，但很多人的爱是自私的、充满控制欲的，如窥探隐私、道德绑架、理所当然的索取……

爱其实是一门复杂的时间艺术，借由时间成就着我们，也借由时间考验着我们。

那么，真正让人感到舒服、温暖、长久的爱是什么样的？我们又该如何掌握爱的这门艺术？

爱，并找到一个不会离开爱的生活方式。

1. 一切出于爱，但好的意图不一定是好的结果

我们生活中，很多争吵、矛盾是因为混淆了意图和结果。比如父母说我关心你的时候，他们在说的是意图，但是我们感受到烦恼（比如因作息规律、饮食习惯被父母唠叨；把你与别人对比……）是这个意图的结果。

不是好的意图就一定会带来好的结果，我们首先要明白并承认这个事实。而想要更好地爱和关心别人，应该在过程、结果上努力，而不仅仅表达爱的意图。因此，真正让人感到舒服、温暖、长久的爱应当是：

始终如一的陪伴、鼓励、支持；

设身处地的理解、体谅、宽容；

同源共流的感动、分享、成长。

2. 拥有爱的艺术

伟大的爱并不需要惊天动地，而是能够在现实生活的点滴中赋予彼此勇气和力量。

因此，爱的艺术在于你与身边的人相处过程，如何获得更好的主观感受，同时激发个人力量，从而获得更好的生活。具体做法如下：

关注觉察，对对方保持细心的关注，觉察到他当下的需求；

参与，让爱和关心更具实质，以参与的方式进入对方的世界，而非站在事外进行点评；

分享，虽然分享并不会真的解决什么难题，但是会让彼此感到自己正在被信任和关爱；

积极聆听，专注于对方的表达内容和心理感受，给予一定的肯定和分析；

陪伴，陪伴就是最好的爱，有的时候哪怕什么也不做，只要感受到你与他"同在"就会很有力量；

夸奖鼓励，爱一定是建立在欣赏的目光中的，夸奖和鼓励不仅能够强化你们之间的连接，还可以激发信心；

安慰，告诉对方他的经历你能够明白，他的情绪和行为是合理的，始终让对方感受到自己正在被关心着，这本身就很有力量；

寄予厚望，这一点非常重要，不管怎么样我们都要对对方、对彼此抱有希望，并坚定地相信事情会变得更好。

任何关系都是如此，都需要用爱这般好好经营，爱不仅是我们长久快乐、幸福的源泉,也是当今时代人际关系的"救赎"。

移动互联网时代正在为我们创造很多绚烂、不可思议的新世界,我们也积极地通过网络去构建生活,但是在屏幕黑掉的一瞬间,剩下更多的是难以言说的空虚和失落,我们正在被扁平化、符号化。因此,我们需要家人,需要邻居、需要朋友,需要拥抱——不管岁月如何变迁,时代如何发展,人与人之间的羁绊和爱,才能织就我们人生动人的风景。

【感恩第 4 步】
致谢所有的相遇与相伴，借由他人照亮生命

不管遇见谁，他都是你生命中该出现的人，绝非偶然，他一定会教会你一些什么，但可能不会马上把答案告诉你，特别是当你和他处在一个糟糕的关系中，因此需要我们自己主动去寻找、解脱。

那么该怎么做？我们可以用以下这个方法：

1.在 4 张纸上写下与对方相处的 4 种情况：

第 1 张——一件绝对不能接受的事；

第 2 张——一件本来不能接受，但后来发现也许不是绝对不能接受的事；

第 3 张——一件本来不能接受，但后来发现可以接受并愿意去做改变来接受的事；

第 4 张——一件本来不能接受，后来改变看法而且带来很好效果的事。

将这 4 张纸依次排在地上。

2. 站在第 1 张纸上，充分回想那件绝对不能接受的事情，待内心充满那份感觉时，再完全静止站立 10~15 秒。此过程中要越来越大力地吸气。然后说："你做的事情你自己承担"，打破状态。整个过程重复一次。

用同样的方法完成第 2、第 3、第 4 张纸的操作，但是打破状态时说的话不一样：第 2 张纸要说的话是"没有那么糟，在我承受范围内"；第 3 张纸是"对我有用的，我放在心里并感谢你，对我没用的，我把它们还给你"；第 4 张纸是"这些对我很有用，我感谢你！"

其实，从第 1 张纸到第 4 张纸的过程是从 '抽离—逐步平衡—存留价值和意义"的过程，可以一定程度上让我们更好地去理解、宽恕他人，改善彼此的关系。

101 次感恩·致谢相遇（4:47-63）

47. 感谢父母，赐予我生命并养育了我。
48. 感谢孩子，孩子本来的样子就是最美的。
49. 感谢另一半，陪我历经风雨，和我共度朝夕。
50. 感谢亲戚，赋予我来自血缘的温暖并始终那么牢靠。
51. 感谢朋友，经由他（她）们，我的人生不孤单。
52. 感谢老师，授业解惑，让我终身受益。
53. 感谢同学，寒窗苦读的岁月嬉笑怒骂，朝夕相伴。
54. 感谢同事，奋斗的路上有着相同的步伐以及信任。
55. 感谢上司，赋予我机遇、平台和榜样。
56. 感谢伤害我的人，他（她）磨炼了我的心志。
57. 感谢绊倒我的人，他（她）强化了我的双腿。
58. 感谢欺骗我的人，他（她）增进了我的智慧。
59. 感谢藐视我的人，他（她）觉醒了我的自尊。
60. 感谢遗弃我的人，他（她）教会了我的独立。
61. 留下来的都是真的，感谢不管我是穷困潦倒还是平步青云，始终都在我身边的人。
62. 一个善意的举动，一个温暖的笑容，这个世界依旧温柔，感谢每一个善良的陌生人。
63. 积善之家必有余庆，积恶之家必有余殃，时时刻刻种善因，行善事。

第五章 财富恩光

第5堂课
开发不毛之地

这节课的内容充满挑战且时间很长，凤凰老师将我们领到一块不毛之地，给我们半年时间让这里变得热闹繁荣，让自己变得富有。

当我还在苦思冥想该怎么做时，孔雀移植了很多奇花异草，在这片土地上建立了一个鸟类乐园，并传授羽毛护理技巧。鹦鹉则运用自己的学识办了一所学校，传授知识。

看着它们忙碌的身影，我灵机一动：大家玩累了、学累了，肯定也渴了饿了。我在旁边支起了一个小摊子，提供食物和水。看着我那寒酸的摊子，孔雀和鹦鹉都有些不屑。

不久这片土地果然吸引了很多鸟类前来游玩、学习，我根据鸟类的不同需求，也支起了越来越多的摊子，并雇了其他鸟儿看摊子。

可是很快我又发现来这里的都是附近的鸟儿，远不能形成"规模"。于是我花大价钱请大象帮忙移植来一棵大树，在树上建造了很多鸟巢，免费为鸟儿提供住宿。

为此鹦鹉非常不解："如果收费，这将是多大一笔财富！"孔雀也摇摇头表示可惜。

我只好解释说："如果能提供住宿会省去鸟儿们很多麻烦，会有更多的鸟儿前来——再说我挣得已经够多了，能为它们做点事我更开心。"

果然，免费提供住宿的消息一经放出，更多的鸟儿来到了这片土地，我的生意，连带游乐园、学校的生意也都更好了，这块不毛之地也成了森林的一个繁华之地。

半年后，凤凰看着眼前热闹繁华的景象，满意地点了点头。

富足是人类的自然状态

> 无知和富有在一起，
> 就更加身份大跌了。
>
> ——[德] 叔本华

你觉得自己是"穷人"吗？

_____

_____

为什么？

_____

_____

现实中很多人觉得自己是"穷人"，因为"他已经有 2 套房为自己遮风挡雨，我还在租房子""他的月工资 30000，我的月工资 3000""他已经步入了最前沿领域，而我被列入时代'淘汰'行列"……

也许这是你的调侃，也许这是现实，但是你有没有想过，当今时代产品过剩，消费主义，生存很简单，为什么你会认为自己患了"穷"病？这背后是怎样的逻辑？

首先，需要肯定追求更好的生活、追求富足的状态是没错的，这是推动人类历史发展的动力之一。

万年前，人类刀耕火种，解决了最基本的生存问题；千年前，人类基于土地，基于光合作用，获得了温饱；百年前，人的技能和机器的结合，带来了物质的极大丰富……人类不断地追求更多的财富，造富运动也从未停止。

同时，我们更要认识到今天中国生产要素、生产方式都在发生变革，我们衣食无忧，不用忍饥挨饿；我们不用考虑是否送小孩去上学，因为每一个小孩都去上学；我们不用纠结每天早晨是否该往水里加消毒剂，因为自来水已经消好毒……经济、社会、民生、民政，国家已经做了很多，我们还有精力和余力去追求、享受生活仪式感、精致主义、轻奢主义……我们生在一个强大的国家，这种充足、安定、安全已经是我们生活的一种"自然状态"。

我们有且应当有充足的理由去追求富足的生活状态，这是人类的天性，我们无须隐藏和羞愧；

我们处在国家前所未有的时代进程中，努力让自己过得更好，努力不落后于时代，也是我们应当尽的一份责任。

当我们感觉到"穷"，说明我们还有着进取心，还有着改变生活的美好愿望，这一切都是值得鼓励的。

其次，我们也应当注意到，也正是国家发展，人民生活水平提高，富足的"自然状态"显现，我们从物质上获取幸福的时代已经到来。如果你还将"穷"定义为"很笨、很懒，所以挣不到钱"，你的思想已经过时20年。当今时代的"穷"的本质已经发生改变：

"穷"于没有进取心；

"穷"于没有对自我价值的正确认知；

"穷"于信息焦虑，无法有效地甄别、运用信息；

"穷"于无法对未来做出有效的洞察和预判；

"穷"于无法掌控物质与内在的平衡。

在牧牛商学院，我们经常问商学院成员为什么要关注区块链、通证经济以及技术、经济发展趋势，很多人回答："这是风口""想看看时代前沿的风景""不想落后于时代"——对，但不仅仅如此。他们很多人是成功的企业家、创业者，他们对财富创造有坚定的信念，潜在的动机在于寻找机会创造更多的财富，更好地实现自身的价值。同样，他们关心家人、注重生活品质，分享自己的所思所得，并未因为物质而让身心沉沦、麻木。

物质高度发达之后，人们对物质的过度消费已经转移到对优质信息的搜索、对自我价值的探索，对智慧的探索和对心灵的滋养，也就是说，我们从追求物质转向注重体验和精神感受了。然而，没有意识到这一点，再多的物质获得都无法带来真正的满足和幸福。

> "生而贫穷并无过，
> 死而贫穷才是遗憾。"

1. 认识到自己作为独立经济体的价值

互联网时代最需要迭代的不是产品，而是我们自己：

得益于信息的发达、透明、公开，我们有更多的渠道去了解这个世界，更多的方式去投资自己，这种投资包括我们的冲动、理想、热爱；

斜杆青年、知本家、领域KOL……未来人的个体价值会越来越重要，每个人都会越来越接近我们最想成为的模样；

区块链、无边界组织、共享系统……未来每一个人自由度会越来越高，当束缚我们的框架越来越少时，每个人都会越来越按照自我的意愿富足地生活；

……

一个社会的经济越发达，人的独立性就越强。未来每个人都是一个独立的经济体，你必须早日成为一个价值主体，走出平庸的轮回。

2. 真正的富足是"富·足·安·乐"，人生的平衡与美好就隐藏其中

我们要感恩这个时代带给我们很多的便捷和思考，同时我们也要触摸到真正灵魂和核心的东西，不能偏离——"通往精神的路很多，财富是其中的一种"，但是要"让心成为主人，头脑成为仆人"：

"富"，外在丰盛和尊严，让我们的生活绽放，让我们的生命经历和体验更有品质，更为丰富；

"足"，对一切获得的知足、感恩，感恩手中的每一个事物，感恩它们让我们能够很好地活着，感恩它们赋予我们的经历和体验；

"安"，拥有足够的"客观力量"，不为未来焦虑，不为困境忧愁，更为从容不迫地感受生活，感受人生；

"乐"，快乐于自己手中拥有为家人、朋友遮风避雨的能力，快乐于事物带给我们的新奇和新体验，快乐于对他们的微末帮助……从而让我们在心灵深处获得一份平和、愉悦。

这一生都要让自己努力这般富足地活着，方不负时代，不负人生。

金钱是一种精神工具

> 种树者必培其根,种德者必养其心。
> ——王守仁《传习录》

关于金钱,很多人最美好的想象莫过于"财务自由"。对于"财务自由"你是怎么定义的?

_____

_____

很多人对"财务自由"的定义是:"有底气做自己喜欢的事。""能够实现自己的价值,开心就好。""不用因为钱而做自己不想做的事。"……

那么,问题来了,你的"自由额度"又是多少?假如达到了这个额度,你能自由了吗?

_____

很多人会说:"我不贪心,有个 100 万元就行。"可当你真的有了 100 万元后，你会考虑换更好的房子、买更精美的衣服、获取更优质的教育资源……即使给你 200 万元，你的很多问题并不能得到解决，因为很多时候收入的增加意味着欲望的增加。

与"财务自由"相反的是"金钱万恶论"。有不少人如是说："虚荣的人可以因为金钱做出很多错事。""金钱可以让一个好人变恶，甚至是罪人。"……

其实，这个世界的问题，不是钱的问题，而是我们自身的问题，我们对金钱的诠释以及与金钱的互动关系导致了这些问题。

有一个富有的爸爸带孩子去农村感受生活，主要是想让孩子见识一下穷人是怎么生活的。他们选了村里最穷的一户人家住了 2 天。

旅行结束后，爸爸问孩子："现在你知道穷人是怎么生活了吧？"孩子点点头回答："知道了。我们家有一条狗，他们家有 3 条狗；我们家只有一个小水池，他们家有一整条小溪；我们家的院子只有那么一点点，但他们家的院子却是整片田野。感谢爸爸让我明白了我们有多么穷。"

也许你会把它当成一个笑话来看，但却不得不令我们深思：为什么爸爸和孩子眼中的穷富是相反的？因为爸爸习惯了用物质、金钱去衡量一切，他感受不到孩子眼中的美好，正是某些"穷得只剩下钱"的真实写照。

在牧牛商学院，大多是企业老板、创业者，当我们交流金钱时，最终指向的是满足感。金钱不是罪恶，它是很中性、很客观的东西，财务自由不是一个数字，而是一种金钱观，一种生活态度。

现实中被扭曲的金钱态度主要有3个：

将金钱的意义凌驾于人生意义之上，一味地钻营、计较、竞争、攀比……甚至用金钱控制别人，扭曲爱。比如，为了物质的婚姻，为了工作忽视了对孩子、家人的陪伴。

金钱与内在割裂，迫于生活的窘迫或生存竞争环境，拼命地工作挣钱，被金钱的噪声和纷争割裂了自身与内在的追求，越是挣钱，内在的焦虑感、匮乏感和不安全感反而越来越强烈。

金钱利益与内在良知之间博弈，很多人并没有全然迷失在物欲之中，更多的是处于一种良知召唤与利益诱惑的矛盾之中，一方面是利益最大化的诱惑，另一方面是良心的谴责，为此彷徨、纠结、愧疚。

真正健康的金钱态度应当是——

不仇视，不唯尊；不匮乏，不慌张！

1. 认知金钱的工具属性

金钱与农具、机器、电脑一样，起源只是人类的一个"发明"，为的是让交易更为便捷。只是随着人类物质体验的不断丰富和深入，它被赋予了各种各样的功能，以不同的形式不断地向前进化发展，更加深入地影响到我们的生活。但它的本质作用不会改变，始终只是服务于我们的交易和生活。

当你能够以如此客观、理性的角度看待，便不会为金钱所迷所诱惑。

2. 修缮你与金钱的关系

很多人都有过这样的念头："我要挣很多的钱，从此再也不看别人脸色！""什么都是假的，只有钱是真的！""这个世界很危险，很多情况不稳定，我需要更多的钱。"……

是什么导致了我们的这些想法和态度？金钱观！

一个人与钱的关系，就是他与世界的关系。我们通常会被两种错误或消极的观念影响：相信匮乏和无限攀比。

认为这个世界是非常匮乏的，拥有这种认知的人，内心是不安、恐惧的，会不停地去奋斗、竞争、夺取，永远感觉不够。而陷入无限攀比的人，大多是受到小时候教育的影响，认为凡事多多益善，造成了永不满足，永远想要更上一层楼。有很多人在这个过程中筋疲力尽甚至迷失了自己，找不到真正的心灵家园。

因此，我们要反思你是永远感觉不够，还是永远多多益善，这种永无止境地追求只会造成自己极大的痛苦。

3. 为金钱赋予灵魂

不论是善源还是恶源，都恰恰说明金钱作为一种工具满足了人类作恶或行善的需求，带出了人性很多东西，同时它又如一面镜子一般，如实地映照着我们对生命对世界的体验，也就是说，金钱是我们生命、精神体验的一种工具。如果我们能认识到这一点，就会发现金钱本身有一个成长与转化的契机，我们可以为金钱赋予灵魂，去做人生更有意义的事情。这会成为金钱与自我内在融合的一个路径和归宿。

不因现实窘迫，不为未来担忧。金钱是工具，是能够将我们导向更善、更美的一股力量。希望大家能够将金钱导向一个正确的方向，让我们的人生更加富足安乐。

创建财富的路线

> 天下不患无财,患无人以分之。
> ——管仲《管子·牧民篇》

你觉得"挣钱"和"赚钱"有区别吗?
_____
_____

你是在"挣钱",还是在"赚钱"?
_____
_____

"挣"是提手旁,要用手去劳动,"出力取得","挣钱"有两种方式:卖产品、卖服务;"赚"是贝字旁,是"用钱取得","赚钱"的方式是"钱生钱"。

挣钱 = 愿想 + 能力 + 机会

赚钱 = 愿景 + 信念 + 目标 + 行动 + 感恩

挣钱和赚钱都是财富的创造,区别在于:现实中很多人都是在挣钱，靠打工出卖自己的能力和服务，维持着自己的生活；投资者、创业者、企业家是在赚钱，有企业乃至人生的发展愿景，有清晰的目标规划，有能力和实力回馈国家、社会——

看清楚了二者的区别，相信很多人希望自己是"赚钱"而不是"挣钱"。但是很快可能你就会嘀咕：我没有让"钱生钱"的资本；除了目前的工作，我不知道自己还能干些什么；我怕自己没有那个能力和实力……

其实，财富创造是有路径可寻的。说到这里很多人马上会想到阿卡德致富秘诀。

根据巴比伦出土的陶砖土记载，巴比伦最有钱的人叫阿卡德，很多人羡慕他的富有，向他请教致富之道。阿卡德分享了自己的致富秘诀：

秘诀1，把所挣的一部分钱存下来，并不断学习；

秘诀2，打开心胸，听取专业的意见；

秘诀3，懂得如何让金钱为自己服务。

如此便学会了如何获得财富，保持财富，运用财富。

道理很简单，对今天的我们来说依然适用。只是相对于8000年前，我们所处的时代更为复杂多变，我们可以做到将所挣的钱存下一部分，但是技术的发展，商业模式的变革，信息的喧嚣……很多人很难把握"秘诀2"和"秘诀3"。

比如，新冠肺炎疫情期间，我们关注疫情的发展趋势，体悟社会百态，感悟生命冷暖，也非常关注这样的一些文章"疫情之后的赚钱逻辑彻底变了""看清世界疫情和经济，这几个判断很重要""看懂这些分析，提升你的反脆弱能力"……

看完这些文章，你感受到了什么？又做了什么？

社会变革太快，我们信息的获取也更为便捷快速，但也正是如此，大量信息涌入，令人应接不暇，也给很多人造成了困惑和焦虑甚至恐惧，生怕自己一不小心就被时代抛弃。于是一边盲目地阅读、了解着大量的知识、信息，一边却无法确定哪些知识对自己有用或者是这个时代他真正已经了解的，结果鸡汤类、快速成功学、各种视频课程买了很多，反而更加焦虑了。

谁都想更富裕，谁也不想落后于时代，努力和聪颖必不可少，但是比起这些，在互联网如此庞杂的信息中，筛选更靠谱、更有用、更专业的信息，来做更明智、更合理性的决策更为重要。

因此，今天的创富路径是怎样的呢？脱胎于"赚钱"的逻辑打造财富系统——

信念系统＋能力系统＋感恩系统

1. 信念系统驱动

财富的创造不是靠"野心"而是靠"信心",你必须建立一种正面、积极的财富信念系统:

坚定的信念,"我爱我的事业,我在自己的事业将更有作为""我不是为挣钱而活,而是为人生富足而活""我会拥有自己想要的一切"……用积极、坚定的财富信念,真正去证明财富对你的意义、财富与你的关系、财富带给你的积极正面的感受。

清晰的目标,你想创造一份事业？一个企业？一种影响力？……非常明确自己想要的财富结果,并深度感知自己对此是否有足够的热情,是否很享受——足够热爱、足够享受,才能拥有足够的动力。

明确的行动步骤,当你的目标清晰之后,就需要制订一个行动计划表和路线图,把你的焦点、时间、资源通通聚焦于此,在这个过程中你也会慢慢发现相关的线索和资源都会一一连接。

2. 能力系统实现

前面我们已经说了每一个人都是独立的经济体,互联网的发展也赋予了我们更多的自我价值实现渠道,也对我们自身发展提出了新的要求,因此我们必须具备以下几个能力:

获取信息的能力;

连接的能力;

创新的能力;

打破边界的能力;

打造个人品牌的能力。

这些能力都很好理解,这里强调一下,信息时代,信息的获取一定程度上决定了自己的上升渠道,我们要懂得如何不被无效、碎片化信息迷惑、干扰,并借助平台的力量,更好地获取有效信息。比如我们牧牛商学院,分享区块链、通证经济以及整体时代的发展信息,就正在做这样一件事情,希望能以专业、精练的信息,让大家更好地洞察时代大势,不为未来焦虑。

3. 感恩系统循环

阿卡德的故事中,当阿卡德分享完自己的秘诀时,其中一个请教者说:"你说得很有道理,可要是做起来这么简单,每一个人都去做,那哪有这么多财富可分?"

"哪里有人努力,哪里就有财富。"阿卡德回答,"比如一个富人建了一座新宫殿,是不是意味着他所付出的钱因此不见了?不会的,烧砖的工人、建筑工人、设计师——每一个参与建造宫殿的人都会获得属于自己的那一部分报酬。当宫殿建成后,不就物有所值了?这块地皮会因这个宫殿升值,与它毗邻的地皮也会升值。财富的增长是很神奇的,没有人能够预知它的极限。"

另外,阿卡德对慈善事业和家人从不吝啬,也不节制自己的开销。他说:"还要趁你活着的时候享受生活……根据你的收入选择你的生活方式,不要活得很吝啬。有事做又有东西可以享受,这样的生活才是充实的。"

因此,用感恩的心态,享受财富,将财富带给身边的人,将财富回馈社会,耐心谨慎地维护财富的意义,才能使财富不断"增值"。

【感恩第5步】
致谢财富，结果的价值源于内心的价值

"心怀感恩之人将被赐予更多，变得富余。不存感恩的，连他所有也要夺去。"

为了大家更好地检视自己对财富的理解和认知，大家可以通过下面的这几个问题逐一地检视自己，它会决定你未来的财富状态和人生状态：

1. 你对自己够了解吗？你真正的使命和天赋是什么？

2. 寻找符合内在热情的事物和财富的愿景，你找到了吗？清晰吗？

3. 对于财富和所从事的事业是否具有足够的渴望、热情、兴奋？

4. 你是否擅长与人分享和与人合作？

5. 你打算为这个社会解决什么问题？贡献什么价值？能够服务于多少人？

强调一下：财富在哪里，不在于外在世界，而在于你可以支配的财富能量以及你能够体验到的财富深度。内在能量和外在财富是相互促进的，内外都富足的人生才圆满。

101次感恩·致谢财富（5:64-81）

64. 感谢金钱，无处不在，不断地流通流转在这个世界。

65. 从出生到现在，每一段成长，都有金钱的能量。

66. 每一粒米，每一件衣服，每一套房的背后都有金钱的身影。

67. 每一份工作，每一分努力，每一分收获都有来自金钱的动力。

68. 养育孩子，回报父母，每一处生活都有着来自金钱的支撑和保障。

69. 我认识并感恩金钱的存在，丢人的不是追求金钱，而是不择手段和唯利是图。

70. 我认识并感恩金钱的存在，遗憾的不是眼下没有钱，而是人生只剩下钱。

71. 我认识并感恩金钱的存在，它是我们财富最直接的体现。

72. 我更是感恩自己的人生财富，它连接着我的每一部分——思维、情感、意志、心灵。

73. 我有身体的财富，健康的体格以及姣好红润的面容。

74. 我有物质的财富，包括我所能看到的所有有形的物质及无形的资本。

75. 我有关系的财富，人与人的关系、人与物的关系以及与自身内在的和谐。

76. 我有精神的财富，情感、福报、爱、生命价值，等等。

77. 它们为我创造幸福生活体验，创造更多内心的安全感、舒适感。

78. 它们给予我丰盛，让我实现自我价值与现实直接的连接。

79. 它们给予我智慧，让我眼界和心胸越来越宽广。

80. 感谢财富，我可以尽己所能让家国越来越富裕，让世界越来越丰盛。

81. 我和财富是一体的，我拥有无边无尽的爱，财富是爱的能量，我拥有无限爱的能量。

第六章

逆境恩行

第6堂课
跳过熊熊火圈

第5堂课内容顺利完成后,凤凰老师将我们领到一个大火圈面前,说:"凤凰在火中涅槃而生。当然这不能保证你们一定能够成为凤凰,甚至会烧坏你们的羽毛,烧伤你们。跳还是不跳你们自己决定。"

凤凰的话一说完,孔雀连忙捂住自己的尾巴,离开火圈,鹦鹉也悄悄地后退了一步,我也有些犹豫,那火真是太可怕了!

看到我们的反应,凤凰老师遗憾地摇摇头:"这一路走来,我能感受到你们的变化,可惜接下来我没有什么能够教你们的了,你们可以离开了。"

孔雀和鹦鹉黯然离去。但我有一点不甘心,站着没动。

凤凰老师看着我问:"你怎么不走?"

我深吸了口气说:"老师,我想试试。再说我的毛发本就不好看,烧坏了还能难看到哪里去!"说完我奋力一跳——奇迹发生了，当我穿过火圈时，我的羽毛噼噼啪啪地燃烧，身躯开始膨胀。"啊！"我痛苦地发出一声长啸，然后流光溢彩的羽毛以肉眼可见的速度覆盖在我身上——我成了凤凰！

走出火圈，我还有些不敢相信自己的变化，呆呆地说道："为什么？明明孔雀和鹦鹉都比我优秀……"

"不，一路走来你都比它们优秀！"凤凰老师说，"这节课也是想告诉你，没有火的历练哪有凤凰之说，我们的鸟生不过是在困难和挫折中蜕变的一个过程。"

寻找"心灵拐点"

> 凡杀不死我的,会使我更强大。
>
> ——[德]尼采

下面这个字是什么颜色?＿＿＿＿＿＿

也许表面上看起来它是"黑色"的,但实际却是"白色"的含义,而"黑白"之间不过是你如何去认知它。

那么,你是否想过,我们所遇到的挫折、困境就如这个字一般?

几乎每一个人都期望自己能够过上想要的人生,但这个过程并不平坦,即便自己期望的很简单,但现实时不时便会让我们摔倒,比如失败、穷困、失恋、落榜、疾病、蒙冤……常常将我们摔得头破血流。

此时,你如何看待?是看到"黑"(不公、失望、痛苦、焦虑……),还是看到"白"(考验、历练、成长、蜕变……)?

有这样一个故事:

一艘船在海上遇到了一场风暴。其中有一个人是第一次坐船出海,从没有见过这样可怕的景象,以为自己死定了,害怕得又哭又叫,船上的人几乎都受不了,纷纷找到船长要求把他关起来。船长想了想说:"不用关他,我有办法让他马上安静下来。"说完,船长命令水手在那个人身上绑了一根绳子后将他丢入大海。可怜的家伙立马疯狂地哭喊。过了几分钟,船长才叫人把他拉上来。

上船后,非常奇怪,那个人不再歇斯底里,而是静静地待在船舱一角。大家都很好奇地问船长:"为什么他一下变安静了?"船长回答:"在情况还没有更加恶劣的时候,他很难体会自己是多么的幸运。而一旦他意识到自己的幸运时,他也就能更加勇敢、安静地应对了。"

不经历挫折不见成长,我们也唯有历经生活的磨炼,生命才能精彩绽放。

所以,很多时候,最先打垮我们的往往不是挫折本身,恰恰是我们自己的认知。挫折困境于我们的人生不是非黑即白的存在，关键在于你如何在消极的认知中找到一个"心灵拐点"，完成从"黑"到"白"的转变。

"人生的精彩恰恰在于，总能从坎坷中找到生命的意义"

1. 看见挫折真正的颜色

有的人总认为挫折、困境、失败是消极的、可怕的，受挫后往往悲观抑郁，甚至丧失生活的勇气。事实上，挫折并非都是坏事：

受挫一次，对工作和生活的理解加深一层；

失误一次，对人生和事业的醒悟增添一层；

不幸一次，对世间的认识和领悟深刻一层；

磨难一次，对成功的领会和追求通透一层。

所以，想要提高自己的耐挫能力，先把挫折读懂，它依然可以成为我们自强、奋起的动力和精神催化剂。

2. 改变自己的态度

面对挫折我们最常见的消极态度有以下3种：

此事不应该发生，认为生活就应该是愉快的，把生活中的不顺利、困难、失败看成不应该发生的，一旦发生人际冲突、成绩下降、好友负心等事情，心里难以接受而变得烦躁、易怒、束手无策、痛苦不堪；

以偏概全，如果有人对自己不友好，就认为自己人缘不好或缺乏交际能力；一次业绩不如人意，就认为自己彻底失败；一次失恋就认为自己没有吸引力……常常以片面的思维方式看待事物，简单地以个别事件来断言自己的生活，从而自怨自艾、自卑自弃、焦虑抑郁。

无限夸大后果，一遇到挫折就感觉天要塌下来了，比如一次创业失败，就认为自己能力不行，人生没有前途，生命没有价值。这不过是自己吓唬自己，然后让自己越想越消沉，情绪越来越恶劣，最后难以自拔。

面对挫折正确的态度应该是：

任何事情的发生都很正常，平常心对待；

这只是考验我的一件小事，吸取教训就好；

结果没有那么糟，我还有很多机会。

人生的日子都是越过越少，剩下的日子都是越来越重要，也都是无法一帆风顺的。但是，当困境来临时，我们改变自己不良的认知方式，纠正错误的态度，才能实事求是地评价挫折带来的后果，在困难中找到希望。

扩大内心舒适区

> 人若是太幸运，则不知天高地厚，也不知自己能力究竟有多少；若是太不幸，则终其一生皆默默无名。
>
> ——［英］富勒

有个富翁在海边看到一个渔民正悠闲地躺在沙滩上晒太阳。富翁好奇："天气这么好，你怎么不捕鱼？"渔民回答："我用小船捕一天鱼能吃五六天，衣食无忧。"富翁建议："既然你有这么多时间，我建议你还是去学习一些新的捕鱼方式。"渔民回答："我很享受现在的生活，也不贪心，为什么要去改变呢？"

如果你是渔民，你会听从富翁的建议吗？为什么？

_____

_____

三年后，富翁再次来到海边，有个乞丐伸手向他乞讨。富翁仔细一看，居然是之前遇到的渔民，非常震惊："你怎么会落到这步田地？"渔民也认出了富翁，懊悔地说："先生，我真后悔当时没有听你的话。这几年捕鱼的人多了，他们用的都是高科技捕鱼设备,我那小破船小破网再也捕不到鱼了。"

也许看过这个故事,道理你也都懂,"不进则退"嘛。可是你想过没有,这个故事就是我们当今现实的写照:互联网10年一个时代,新技术、新技能层出不穷,我们已经无法靠着以往的知识、经验来打理我们的工作、生活,而是时刻面临着时代的考验;新环境、新方式,我们已经无法安然地享受旧有的生活,时刻面临着生存挑战和困境。

当然,遇到挑战会想着逃避,很自然,因为人类的天性追求快乐与舒适,逃避痛苦与艰辛;遇到变动不想改变习惯,这也很自然,因为人类是习惯的动物,在习惯中舒适,在习惯中安宁——每一个人都有自己的舒适区,也正是如此,很多时候我们就是这个渔民,生活在自己的舒适圈中,丧失了应对时代变化的能力以及应对挫折、挑战的勇气。

现代心理学把人类感知外部世界并投射内心的成像分为3个区域:

舒适区,对你来说没有学习的难度或者已经习以为常,自己可以处于舒适的心理状态;

学习区,对你来说有一定的挑战,因而感到不适、有点不太舒服,但是还没有太难受;

恐慌区,超出你的能力范围,感到严重不适、不舒服,可能导致焦虑、崩溃乃至放弃。

对于一个正常人来说,感觉最舒适的状态自然是"舒适区",在这里我们毫无压力,时常我们也会觉得这是世界上最安全的地方。但是你想过吗,最安全的地方大概也是最危险的地方,就像那个渔民,一次捕鱼可以吃五六天衣食无忧,可是新的捕鱼技术出现,他马上就面临无鱼可补的境地。

当然,也会有很多人认为与其耗费大量的精力去强迫自己迎接各种挑战,不如"什么也不做","安居当下"让自己舒服,并安慰自己"知足常乐"。但是"知足常乐"是感受到自己的富足,是应对诱惑的淡然,是迎接挑战的从容,是珍惜当下的智慧。你的舒适区不过像是时代沙漠中的小绿洲,当它很小的时候,你其实就很清楚,终有一天它会被沙漠蚕食,只有当你有意识地去扩大它,你才会拥有与沙漠抗衡的力量。

那么,舒适区不可留,恐慌区呢?恐怕连逗留都是危险的,会自卑、焦虑、担忧、恐惧……一个人最理想的状态就是处于学习区,既有自知之明的从容,又能获得新成就的快乐。

所以,当你感叹自己时运不济,人生平庸时,不是艳羡他人的成功,然后继续待在自己的舒适区里长吁短叹,而是要看到自己还能够学习什么、做些什么、实现什么。就像我们商学院的一个创业者说的那样:"为什么要选择创业这么艰辛的事?为什么碰得头破血流还要坚持?不过是想通过自己有限的能力,让自己有限的生命多一种尝试,多一份精彩。生命太平淡,云淡风轻中我再努力,也难以体会到什么,留下什么。"

> "平庸是因为甘于平庸,
> 不凡是因为敢于不凡。"

1. "扩大"而不是"走出"

是的,是"扩大"而不是"走出"或"脱离",区别在哪里?

"走出"舒适区,把舒适与不舒适截然对立,这是违背人性的。人性追求舒适,一味强调走出、脱离,似乎为了进步永远不能舒适,这样的话,进步又有什么意思?而"扩大"是将舒适与不舒适作为整体接受,不舒适就从舒适区中深出触角,新生根须,在新领域、新养分的滋养下增加自己的舒适区体量,慢慢地扩充自己的沙漠绿洲,是一个愉悦的成长过程。

而我们的成长就是一个不断迎接挑战,舒适区不断扩大的过程。

我们刚出生,最舒适的是妈妈的怀抱,随着我们长大,舒适区慢慢扩大,家、学校、小区以及常去的商场、超市,可以和老师、小朋友一起……再长大一些,去陌生城市读书,有了更广阔的交友圈,更大的舞台,等到成人,工作、结婚、生子……我们就是这样一步步从妈妈的怀抱成长为立足社会并谋求生存的独立生命体,这就是一个奇迹。

扩大舒适区本就是我们的成长模式,我们必须要充分认识到这一点，在意识、态度上不让自己懈怠。

2. 获取扩大的力量

从学习区开始，学习具有适当挑战性的东西，一段时间后，一部分学习区便慢慢变为舒适区，另一部分的恐慌区也会相应地变成学习区。

那么如何做？

比如你在公司的底层已经工作了5年，你想成为公司的管理层，此时你必须清楚认识到：

目前自己掌握的技能是什么？

自己还需要掌握的技能是什么？

将需要掌握的技能评估、拆解、定位，按照难易程度，将比较容易学习的部分定位在学习区，开始学习。当你完成容易的学习内容，你便可以增加学习的难度，将原来的学习内容转化为舒适区，将新的内容转化为新的学习区。如此循环往复，既不会让自己有陷入恐慌区的恐慌，还可以通过小成就的积累不断扩大自己的舒适区，更是能够树立信心，应对挑战。

舒适区只是我们人生的"种子"，当生长出的两片胚叶开始进入"不舒服"，它就能慢慢地长成参天大树。当然，"进化"不会一蹴而就，需要我们一点点调整、努力，时间够长，自己就能变成"新物种"。

勇敢 1 厘米

> 这个世界的问题在于聪明人充满疑惑,而傻子们坚信不疑。
>
> ——[英]罗素

你觉得跳伞最难受的是哪一个时刻?

_____

最轻松的是哪一个时刻?

_____

跳伞最难受的是等待跳伞的那一刻,跳伞时,拖得越久越害怕,越没有信心。有经验的跳伞者都懂得尽快度过这段时间。而最轻松的是跳下去的那一刻。在跳下去的那一刻,所有的顾虑、疑虑都消失不见,你会发现其实也没什么,你开始体会"御风而行"的神奇、潇洒。

所有的事情都是这样的，你踏出了第一步才有机会迎来柳暗花明。

道理是这个道理，那么现实中为什么依旧有那么多人不敢行动？

在回答这个问题前，我们假设这样一个情景：

你独自一人待在一个没有窗户的阴暗房子里，如何获得屋外的明媚阳光？

有人说需要在墙上打造一扇窗户，有人说将一面墙换成玻璃的……其实何必那么麻烦，你抬起脚走出这间房子便是。

那么，你是否想过，当我们处在困境、挫折中时，就是处在一个没有窗户的阴暗房子中，你认为想要阳光明媚，需打造窗户或改造墙体，然后你开始计算、规划，很快发觉工程量太大、太难了，于是心生绝望，放弃了。此时我们的"心路历程"是这样的：

启动思维：这太难了，我一个人肯定不行；

情绪激发：烦躁、失落、无助；

情绪引导行为：拖延、逃避、自责。

这个过程很痛苦，但是别急，这里面还隐藏着恐惧，我们针对自己的思维继续挖掘：

自我否定：看来我是真做不到了；

动摇信念：这样就证明了我真的是一个非常无能的人；

信念影响现实：人生很灰败，没有人会救我，只能在阴暗的角落里发霉。

所以，许多时候，我们不是被困难本身所难住，而是为心中想象的困难所吓住。而打破这一切的方法也非常简单，勇敢走出第一步，当你抬脚，哪怕只是动了1厘米，也已经走在收获阳光的路上，你的心路历程也会随之改变：

启动思维：这根本没有那么难；

情绪激发：放松、轻松、自豪；

情绪引导行动：放下顾虑，更加积极、乐观地前行；

自我肯定：我已经走出了这么多步，很快就能见到阳光；

坚定信念：阳光就在前方，我一定可以走出去；

信念影响现实：人生更加积极，开始照进阳光。

所以，面对人生的挫折有一条路是可以肯定的：与其只盯着目标的遥远和前程的艰险而举步不前，不如专注于眼前那1厘米，跨出第一步，很多事情就如剥丝抽茧一样，你总会在行动中逐渐找到思路和方法，你就能走完全程。

> **"人的韧性恰恰在于,
> 在迈出的第一步时就开始生长。"**

1. 强行迈出第一步

"重新开始最难的地方,在于能否迈出第一步。"关键不在于迈得好不好,而是在于迈不迈。

因此,不要求完美甚至不要求成功,第一步的目的只是为了让你能够走下去,想尽一切办法,哪怕是最牵强的办法勇敢去迈出这一步,即使完全弄反了方向也比不行动强。就像爱迪生说的那样:"我没有失败,我只是发现了一种错误的方法。"只要有了开始就会有希望。

2. 优化自己提升耐挫力

对于挫折的承受能力,除了与我们的认知、态度、行动有关,也与我们的人格特征有关,通常以下几种人比较容易在前进的路途中引起挫折感:

性情急躁,情绪变化大、脾气火暴、易怒,常常因为一点小事就引起挫败感;

心胸狭窄,气量小、好猜疑、容易斤斤计较,常常处于消极体验中；

　　意志薄弱，缺乏耐力，患得患失，害怕困难，禁不起打击和挫折；

　　自我偏颇，缺乏自知之明，或自高自大，或自卑自贱，不能准确做出定位、判断。

　　因此要懂得时时分析、检视自己的心路历程（可按照前面的步骤来进行），不断提醒自己、转化自己，让自己始终处于一种积极、乐观的状态之中。

3. 将路上的一切纳入舒适区

　　印度有四句极具灵性的话：

　　无论你遇见谁，他都是对的人；

　　无论发生什么事，那都是唯一会发生的事；

　　不管事情开始于哪个时刻，都是对的时刻；

　　已经结束的，就已经结束了。

　　细细感悟自己每一步的收获，并适应它、喜欢它，心中生出欢喜、感恩，然后开启新一轮的舒适圈扩张。

　　不管如何，生命有了开始，才会有果实累累的那一天，你走出了第一步，人生才有故事。世事万物都是依循这个简简单单的道理在运行。

【感恩第6步】
致谢逆境，任何环境都要活在乐观之中

当逆境来临时，很多人总是害怕它、逃避它。事实上，我们完全可以用行动来直面它、解决它：

行动的前提——拆解困难，然后做减法；

行动的正确时机——现在就是最好的时机；

行动的开端——先完成一件最小化可行的任务。

对于一些简单的事情立刻动手去做，面对复杂的事情，即便表面上没有立即行动，我们也要尽早地做出准备，可以先将这个事情梳理和规划。同时要减去不需要的旁枝末节，让复杂的事情简单化。

其实，只要你愿意，再复杂的事情都可以分解成能够实现的简单目标；再大的事情一分为二地看待便能很简单；再难的事情从简单入手，循序渐进就能做成。

101 次感恩·致谢逆境（6:82-93）

82. 感谢逆境，我开始飞速成长；
83. 感谢逆境，我变得喜欢挑战自己；
84. 感谢逆境，我发现害怕的事情不会发生；
85. 感谢逆境，我感到兴奋而不是遗憾；
86. 感谢逆境，我更了解了我自己；
87. 感谢逆境，我变得更加自信；
88. 感谢逆境，我获得了难以置信的满足感；
89. 感谢逆境，我发现经历不是通往成功唯一的路；
90. 感谢逆境，我发现曾经的自己多么可笑，曾经的那些借口和问题都是凭空捏造、荒谬至极；
91. 感谢逆境，我开始激励身边的人，他们因我的成果而备受鼓舞。
92. 每一次挑战都是一次新的人生经历，我学会了从容应付生活抛给我的任何问题，我意识到自己究竟有多么强大。
93. 任何艰难困苦，都会增加生命的张力，宜早不宜迟。

第七章　恩慈一生

第7堂课
自觉生命的尊严和胸襟

成为凤凰之后我非常激动,以为凤凰老师马上会开启最为神秘的第7课。但是凤凰老师只是让我静静地跟在一旁。

路上,我始终抑制不住内心的兴奋与骄傲,同时又觉得有些羞愧,问道:"老师,成为凤凰后我觉得自己有点骄傲,我是不是不该有这种心理?"

凤凰老师淡淡一笑说:"傻孩子,能作为一只凤凰存在于这个森林,是来之不易的,是惊世骇俗的,本就该值得骄傲。你必须要充分自觉现在活着的这个自己是不可思议的,来之不易的,难能可贵的。换句话说,即生命的尊严,自己活在世上的生命的尊严。"

说完,凤凰老师突然俯身用翅膀沾了一些地上的土,问我:"菜鸟,你说是我翅膀上的土多,还是大地的土多?"

我回答:"老师,当然是大地的土多。"

凤凰老师点点头："是的，这个世界以生命的形态生存的如地上土之多，然而获得像我们这般生命的却只有我翅膀上的土这么少。这本身就非常了不起。更何况我们的一生有父母之恩，有社会大众之恩，有大自然造化之恩——恩重如山，这一切都为你而存在。所以我们对生命必须具有开阔的胸襟，对自己的存在和森林必须有强烈的信心，并愿意为之奉献。而这就是第7堂课的内容——生命之课，学习作为一只凤凰的胸襟。这会是你一生的课。"

"原来这就是神秘的第7课！"我恍然大悟，同时也明白了自己新的鸟生才刚刚开始……

指向"凤凰"

> 行有不得者皆反求诸己,其身正而天下归之。
>
> ——孟轲《孟子·离娄上》

在商学院中,我们曾有过这样的讨论:

你目前的活法是什么?你还能改变什么?

对于这两个问题,你的答案是什么?

在这个世界上,有着形形色色的人,都各自有着自己的活法。

有的人会为了大众眼中的"成功"付出一切;有的人一生为了生存而努力,只希望自己能够"平稳"度过一生;有的人有梦想,敢于拼搏,为了实现自己的人生价值而奋斗不息……

但是不管是何种活法,我们时常会陷入一种无力和无奈之中。就像一个学员说的那样:"我这一生不过是平凡地生平凡地死,我的存在激不起一丁点浪花,我的人生似乎也无法拥有什么改变。"当他说完这句话时,很多人深有同感,都沉默了。

也许每个人内心都明白自己的生命与众不同,自己的存在不可或缺。我们大多也经历着以下的成长历程:

童年,抱着懵懂、游戏的心情看世界,对真实的生活没有什么深刻的感知,既不了解现实的痛苦,也不需要承担责任和义务;

青年,对未来萌生一些现实感,但依旧有着天真烂漫以及梦想,相信生命有许多可能,能体会到幸福感;

成年,确定了自己的发展方向,并渴望在这个领域中扮演好自己的角色(如在工作领域辛勤耕耘,保证家人生活安定等);

老年,检视自己从青少年起选择的那条路是否正确,人生是否无怨无悔,是否已经圆满。

只是在从青少年变成成年人后,我们的生命理想和热情慢慢地被现实浇熄了。当我们将所有的时间和精力投入到自己所选择的人生道路上时,大部分人都会遇到挫折和冰冷的现实,势利、竞争、攀比、虚荣……内心涌现怀疑和悲观。在这个内耗的过程中,自我价值不断被摧残,内心也会产生极大的失落感,慢慢失去做人的自信和尊严,深刻体会着自己作为普通人的无力感。

想要摆脱这种普通人的无力感,我们需要的是如菜鸟一般来一次"进化",觉醒成为凤凰的生命尊严——自信、高贵、博爱,始终有着对美好的追求和信心。

《中国青年》曾报道过这样一个年轻人。张云成,一个肌肉一天天萎缩的肌无力患者,一个知道自己只能活到28岁的病人,一个几乎从未走出过自家小院的年轻人……用了6年时间完成了一部17万字的自传体著作《假如我能行走三天》。

对于张云成来说,他的未来和理想实在太平常了:告别没有活力的苦闷的生活;告别不知道为什么活着;告别不知道理想为何物的日子;想帮妈妈干点什么,削土豆,择芹菜,减轻她的负担;成为一位大作家,挣钱,撑起这个脆弱的家。

而支撑他著书写作的力量只有4个字"不能白活"。书中真实地记录了张云成的生活状态和为了改变自身的求索过程。他说:"我希望读者读这本书能有所收获,希望他们能很珍惜生活、健康、时间和生命……"

那么,让我们再回到前面那个学员的问题。现实中,即便普通,他依然是孩子的偶像,为孩子的成长注入了梦想的力量;即便普通,他依然是邻居眼中顾家的典型,是一个好爸爸好丈夫的存在;即便普通,他是老板眼中积极上进的员工,每一次公司的任务组中都有他的身影……

所以,即便普通,即便卑微,也可以让自己活得高贵,获得尊重,而这就是改变的开始。

"生命的奇迹从未在生活中消失,
我们应该意识到并且做到!"

1. 尽最大可能地体验原本具足的自己

我的生命就是奇迹,一出生便受到照顾和祝福;

我有独立自主的能力,我将自己的生活安排得明明白白;

我有强大的学习能力和适应能力,一边适应新的工作生活环境,一边不断提升自己;

我有勇气和胆量,能够很好地保护自己和家人;

……

我们有很多值得骄傲自豪的事情,我们都是一个大宝藏发光体。认识到自己原本具足,要学习爱我们生活中的每一件事,每一个感觉、想法和行动,把自己看成一个优美且充满爱和感恩的人，尽自己所能地成长与进化。

2. 给自己一个蜕变的方式

当你处在一位非常有爱心、宁静而专注的人身旁时，你当时是否也油然升起同样的美好感觉？

当你改变自我认同时，他人对你的评价和态度是否也发生了改变？

当你改变对事物的看法时，事物在你眼中发生了怎样的变化？

……

一切的主体都是我们自己，让自己蜕变的方式也很简单，多去做一些喜悦的事情，多去扩大自己的认知，多去扩大自己的格局，扬升自己的意识，看到一个更大的世界，这样不管我们的事业还是生命的质量都会提高。

连接的"管道"

> 如能善于利用,生命乃悠长。
>
> ——[古罗马]塞涅卡

当我们认识到自身生命的尊严和高贵时,很大程度上是收获着"内在"的满足幸福。然而人是社会性动物,我们的生命不仅作用于我们自身,也作用于社会。也就是说,我们该如何通过"外在"让我们的生命扬升且有意义?

在讨论这个问题前,请你先思考一下:

什么是"幸福的生活"?什么又是"有意义的生活"?

_____

_____

二者有何区别?

_____

_____

在《积极心理学》中,有心理学家曾对近 400 名年龄在

18~78岁之间的人进行长达一个月的调查,询问他们对自己的生活是否具有意义(或幸福)的看法,结果发现"幸福的生活"和"有意义的生活"虽然有一些共同点,但是"幸福的生活"得到更多,"有意义的生活"给予更多。那些一味追求幸福的人有一个显著的特点,即更关注自身需求,甚至自私。

心理学家进一步解释:幸福就是满足欲望。比如你感到饥饿,你吃了美味的食物,填补了饥饿感,于是你感到幸福。"那些只追求幸福的人只有从其他人那里得到了好处,才会变得幸福。但是那些追求生命意义的人,会在给予他人时享受到愉悦。"

也许你不一定认同这个观念,但是有一点一定是肯定的:

生命的意义在于付出,在于给予;

世界从来不是为了一个人而存在,相反每个人都应该为了世界而存在;

我们享受这世界的美好,接受着无数人的爱,也承担着社会给予我们的责任。

2020年的疫情让我们看到了许多的"平民英雄"。

"我必须跑得更快,才能跑赢世间,才能从病毒手里抢回更多的病人。"

武汉金银潭医院的院长张定宇,身患渐冻症,由于病痛折磨,他走起路来高低不平,同样奋战在抗疫一线的妻子不幸被感染，而他拖着病体坚守在抗疫一线30多天，甚至忙得顾不上去看一眼妻子。

"因为我和其他护士不一样，我是汶川人呀！"

余沙是四川省第四人民医院的一名护士。12年前汶川地震时四面八方的大爱汇聚将她从废墟中托了起来，12年后在又一场灾难来袭之时，她毫不犹豫果断报名……

疾病的背后隐藏着爱和付出的能量。不管是冠状病毒，还是SARS，抑或是其他的传染病疫情，不管是汶川地震还是火灾、风灾，都牵动整个社会的心，人人都会伸出援手，展现生命的关怀，这个过程让人类集体的力量得以展现，让个人生命的意义得以彰显。

网上曾经有这样一个视频感动了无数人。

视频拍摄于2019年12月，那时疫情尚未在韩国暴发，街上还有许多来往的行人。一个穿着黑色羽绒服的小伙子心灰意冷地靠在首尔的麻浦大桥上。突然，他脱掉了鞋，一脚跨过栏杆，眼看整个人就要掉下去时，一个穿着粉红色衣服的姐姐连忙上前一把将他拉了回来。随后她说的话打消了小伙子去死的念头，感动了千万网友："今天的阳光很耀眼，不可以就这样死掉。今天的饭好好吃呀，不可以就这样死掉……明天也请不要死……你是很珍贵的人，(我们)全部都是很珍贵的人。"

诚然，正如很多人认为的，现代的生活方式让每一个人都成了一座孤岛,但是低谷、困境会让人与人的联系变得更加紧密,它甚至不惜以负面乃至毁灭的方式,提醒着人类把情感重新连接。

所以,这世上没有天生的英雄,不过是有人需要;这世上没有难以迈过的坎,不过是缺乏温暖和鼓励;这世上每个人都不会是一座孤岛,灾难、逆境都可以让人重新建立连接的管道,每一个人都可以通过这样的管道,力所能及地去给予、付出,输送爱的温暖——而这就是我们生命的意义所在。

> "也许你的生命如沙土,
> 但却可以给予草木养分,使其焕发生机。"

1. 认识自身强大的给予能量

每个人既是社会环境的被动接受者,也是主动塑造者,也都有着影响、改造社会的能量:

你不冷漠,世界就充满温暖;

你不自私,世界就充满善意;

你不麻木，世界就充满深情。

温暖、善意、深情就是我们每个人都能够输入的一股直抵人心的力量，也是我们每个人都能付出的"爱"。

2. 从日常点滴做起，处处是创造生命价值之地

给陌生人一个善意的微笑；

给失落的人一个拥抱或一句鼓励的话语；

为灾难中的人捐献一些物质；

不乱扔垃圾，保护好环境；

参加一些慈善、公益活动；

……

实现人生意义要从现在做起，从小事做起，通过点滴小事，为他人、为集体、为社会做贡献，创造自己的人生价值。当人人都有这个意识时，好比涓涓细流汇入大海，让人心感受到温度，让社会充满阳光。就像崔卫平说的那样："你所站立的地方，就是你的中国。你怎么样，中国便怎么样。你是什么，中国便是什么。你有光明，中国便不黑暗。"

3. 始终使内心强大的同时保持内心的柔软

内心强大的同时也要是柔软的，本身并不矛盾，你的内心越广阔，越强大，给予的能量就会越大，内心便越柔软。因为

你越广阔、强大，看到的社会实相会越通透，你就会越了解他人是怎么样的，生命是怎么样的。你会了解不同人的不同的苦，你会更加拥有同理心以及生出慈悲心，让自己的心变得祥和、欢喜、圆满，甚至可以如一盏明灯去照亮当今这个喧嚣、浮躁的社会。

全然敞开，要活得永恒

以无制有，器用者空。

——《周易参同契·第八章》

菜鸟成为凤凰，是新的鸟生的开始；很多人历经社会的磨砺、人事的蹉跎，"三十而立"或"四十不惑"，也是新的开始。

此时很多人也都面临两种心态：

"筛子心态"，活出了优越感，专注于我喜欢的，我愿意的；

"空杯心态"，我懂得清空自己，完全地接纳。

那么，请检视一下自己，你是哪一种心态？

我们的人生就是一场生命的蜕变：

我在此处—我在彼此—我无所不在；

我什么都不是——我什么都是——我无所不是。

"我无所不在""我无所不是"，众生皆我，我皆众生，万物本一体。

那么，你处于哪个阶段之中？

"筛子心态"我们活在自身的局限当中，越活越窄，最直观的体现就是物质、精神都不缺了，但是内心仍然空，哪怕住皇宫，有N辆车，但内心仍然感觉空荡荡的。唯有空杯的心态，我们在肯定过去的同时懂得了放下，并始终保持着一种谦卑、开放且求知若渴，用崭新的心境展现生命的特质和丰盈。

我们的人生也不应当只是岁月的流逝、阅历的积累，更应当是格局的扬升，认识自己，认识自己与万物的关系。

意大利一位93岁的老人住院，在他病情好转之后，他被告知需要支付一天的呼吸机费用。老人哭了，医生劝他不要因为账单而哭。没想到老人摇摇头说："我不是因为要付的钱而哭，我可以付所有的钱。我之所以哭，是因为我已经呼吸上天赐我的空气93年了，却从没有付过一分钱。在医院使用一天呼吸机就要付5000里拉。你知道我欠了多少钱吗？可我从未因此感谢过。"医生听了低下头沉思起来。

你的存在正在为其他万物所丰富着、滋养着——你是否因此感谢过这个世界？

而世界上什么最愚蠢？盲目的自满最愚蠢。世界上什么最残忍？不懂生命为何物最残忍。世界上什么最可怕？不懂什么是底线最可怕。

于是我们财富越来越多，但是精神越来越贫瘠；拥有的越来越多，但是喜悦越来越少；居住的环境越来越美，却往往视而不见……我们看到了那么多自杀的人，那么多虐待小动物的消息，那么多食用野生动物的新闻……

相对的，世界上什么最聪明？懂得清空最聪明。每一天都是新的一天，心灵不断地成长丰富。世界上什么最美？"飞鱼跃，道无不在"的生命的顿悟与喜悦最美。世界上什么德最大？《周易》说："天地之大德曰生，圣人之大宝曰位。"天地之间最大的德就是爱护生命、敬畏生命。

花儿的芬芳、鸟儿的歌唱、海洋的丰饶……自然万物与人类一起，无不丰富了生命世界的底蕴，我们也才会时时处处在生命体验中获得生命的顿悟与喜悦。

因此，我们要内观己心，带着觉知与恩慈，境异扬升——

> "人生应和地球一样,是圆的,没有终点,哪里都是起点。"

1. 拓展内在的优势生命品质

生而为人我们已经非常幸运:

我们的存在丰富了生命,就如同我的存在也为其他万物所丰富,这就是我们与万物或人与人之间真正的关系,也是"万物合一"的信念;

我们的心灵是不可思议的,凡是善意、自然与安全的发展,都会获得世间万物的支持、守护,一个人的心灵不会停止生长与发展,也不能阻碍生命的价值完成。

因此,我们应当以善意、谦逊、爱和慈悲,创造出全新的生命意境,让我们的心灵充满希望,始终保有真善美的生命品质。

2. 感悟生命蜕变的 4 个境界

第 1 境界——阅历,心中有事装作若无其事;

第 2 境界——格局,心中有事但能若无其事;

第 3 境界——修身,但凡有事心中无事;

第 4 境界——格物致知,但凡有事,坦然处置,淡然化之。

每一境界的进阶都是一次人生智慧的升华，都是自身与这个世界更好的相处。

3. 恩慈并全然敞开、清空

当我们认识到自身优质生命品质及生命蜕变的境界时，接下来便是懂得以感恩的心态对这个世界敞开，对自己清空：

敞开——所见即所得，也就是把握好此时此刻，也唯有此时此刻是最真实的。同时，觉察自己具备怎样的思想境界，同一个物品，不一样的人看来却是不一样的。比如，同样是梅花，在有的人看来就是一种花，但在有的人眼中便成了高洁品质的象征。

清空——过去已过，放下过去，将自己想象成一个空着的杯子，而不是骄傲自满，从而更清楚要淘汰哪些不必要的东西，然后以一种谦卑的姿态，敞开胸怀保持开放去迎接新知识、新事物、新境界。

在这个敞开、清空的过程中，你会发现自己要探索的实在太多了，人生才刚刚起步而已。因为你知道要做什么，你也看到了还没有探索明白的那条未知的道路充满希望，它会是你"倒掉"了物欲之后的心灵追求。

同一个世界，爱无分别，情无距离，心无高低，一切都是最好的呈现，一切的发生都是最真挚的连接。愿每个人都能获得美好的生命体验，全然地敞开，让生命纵情绽放。

【感恩第 7 步】

致谢生命，凡所做的都是为着喜乐的缘故

虽然人生没有大起大落，但是依旧有着喜怒哀乐、悲欢离合，可以读出人生的真实、安稳和幸福，获得人生的智慧；虽然不具备经天纬地动摇山河的能力，但依旧可以追求梦想、艰苦上进，让生活充满无限可能。而我们要做的便是"知行合一"：

1. "知"——"知道"，是醒悟生命本质，觉知真理真相，是知道身而为人在现实生活、社会中所要承担、完成的使命。

2. "行"——实践，知道了自己的生命意义和价值，就要将这份价值落实到自己的行业、岗位、角色中，不断地完善自己，丰富、提升自己的兴趣和特长，更好地为所需要的人服务。

3. "合"——"天人合一""万物合一"，在实践的过程中，

让自己的意识更加的清晰、明了，得以融入万事万物，从本源规律着手，顺天而为，更好地解决事情。

4."一"——"一切""一生万物"，掌握了本源和规律，就可以创造无限的可能。

因此我们可以遵循以上的步骤重新认识自己的生命价值，重新规划自己的人生，只要你想，一切都不会太晚。

101次感恩·致谢生命（7:93-101）

93. 感谢生命诞生，世界何其美丽奇妙，有无穷的奥秘。

94. 感谢生命的尊严，一切的生灵皆是不凡的存在，都值得尊敬和守护。

95. 感谢生命的胸襟，万物一体，人与人，人与自然和谐、安生。

96. 感谢生而为人，我被赋予了意识、心灵，是最完善的生命体存在。

97. 感谢生命的经历，我从容地走在自己选择的道路上，认识并享受每一个瞬间。

98. 感谢生命的阅历，我感受到这个世界的丰盛，并将自己的一切转化为人生的智慧。

99. 感谢生命的获得，我赢得了尊贵的生命体验，并懂得了生命的价值。

100. 感谢生命的智慧，回归生命的本真，我是美好的一分子。

101. 怀着一颗坚强温柔的心行走在生命的路途，对万物感恩，对众生慈悲。

后记 • 最有智慧的人每天感谢 101 次以上

感恩是一种人生哲学,一种快乐的心境,一种具有疗愈作用的生命境界,它对内是无限深刻地去觉察自我的内心,对外是在无限宽广世界中对万事万物的接纳和爱,可以让我们拥有 3 种神奇的力量。

1. 实际的力量

在现实生活中,感恩犹如一块磁石,你拥有得越多,力量就越强大,越能聚集身边的美好,收获更多的美好体验。

2. 爱的情绪

感恩的源泉是我们内心对生命对生活的一份深层的爱,当我们遇到严肃的生命问题时,它便会涌上心头。如果没有持续的感谢和赞美,我们的身心将变得空洞、晦暗、麻木,从而失去一份生命中本该有的灵动和活力。

3. 接纳的力量

心生感恩，便会明白一切都是最美好的安排，有则无，无则有，大苦大难之后会是大自在，可以让我们从容、优雅、淡定、无所畏惧地面对一切，接纳一切，因为你心本自足。

而最有智慧的人每天感谢101次以上：

致谢世界，富足而又珍贵——我是认识一切的方式；

致谢自己，简单而又平和——我是一种最真的美好；

致谢信念，始终相信并且做到——我是一切的原因；

致谢相遇，珍惜每一次相伴——我是一份善意与真诚；

致谢财富，每一份财富都有意义——人生当是一种丰盈；

致谢逆境，尽管纠结、艰难——人生当是一场蜕变；

致谢生命，全然敞开、绽放——人生当是一种圆满。

因此，你可以借由我们的"101次感恩"，每天诵读；你可以在每一个美好、感动、快乐之余，喜悦地接纳、赞美这些美好的体验；你更是要在挫折、困境中学会感恩，越是糟糕，越需要感恩。当你养成感恩的习惯，全身上下充满了感恩，充满了爱，你就会拥有所向无敌的能量。

附录 / 明人微言

当你相信，你做的是对的的时候，你就不愿意浪费一分一秒。

——日裔英国小说家（诺贝尔文学奖得主）石黑一雄

有些人能感受雨，而其他人则只是被淋湿。

——美国词曲创作人、作家（诺贝尔文学奖得主）
鲍勃·迪伦

其实我们都是海滩人，沙子只把我们的脚印，保留几秒钟。

——法国作家（诺贝尔文学奖得主）帕特旦克·莫迪亚诺

现实生活没有尽头，真正的书没有尽头。

——法国作家（诺贝尔文学奖得主）зле·克莱齐奥

我们的骄傲，多半是基于我们的无知。

——英国作家（诺贝尔文学奖得主）多丽丝·莱辛

我不知道，我什么都不懂，还以为我什么都懂。

——法籍华裔剧作家（诺贝尔文学奖得主）高行健

你若想飞，就先要放下累赘。

——非裔美国女作家（诺贝尔文学奖得主）托尼·莫里森

生活不仅充满了喧嚣和愤怒，它也有蝴蝶、花朵、艺术品。

——法国作家（诺贝尔文学奖得主）克劳德·西蒙

生活中重要的不是发生在你身上的事，而是你记得是什么，以及你如何记得它。

——哥伦比亚作家（诺贝尔文学奖得主）
加布里埃尔·加西亚·马尔克斯

并不是每个人都记得，为他提供每一滴牛奶的奶牛的名字。

——以色列作家（诺贝尔文学奖得主）
什穆尔·约瑟夫·阿格农

对于过去我无能为力,但我永远能够改变未来。

——法国哲学家、文学家(诺贝尔文学奖得主)

让·保罗·萨特

优于别人,并不高贵,真正的高贵应该是优于过去的自己。

——美国作家(诺贝尔文学奖得主)欧内斯特·米勒尔·海明威

人生到世界上来,如果不能使别人过得好一些,反而使他们过得更坏的话,那就太糟糕了。

——英国作家(诺贝尔文学奖得主)

托马斯·斯特尔那斯·艾略特

生存就是改变,改变就是成熟,成熟就是不断创造自己。

——法国哲学家、作家(诺贝尔文学奖得主)亨利·柏格森

人心只能赢得,不能靠人馈赠。

——爱尔兰作家(诺贝尔文学奖得主)威廉·巴特勒·叶芝

仅仅活着是不够的,还需要有阳光、自由和一点花的芬芳。

——丹麦童话作家 汉斯·克里斯汀·安徒生

如果你要获得成功,就应当以恒心为良友,以经验为顾问,以小心为兄弟,以希望为守护者。

——美国思想家、文学家、诗人 拉尔夫·沃尔多·爱默生

别人看到的是鞋,自己感受到的是脚,切莫贪图了鞋的华贵,而委屈了自己的脚。

——中国当代作家(诺贝尔文学奖得主)莫言

知止而后有定,定而后能静,静而后能安。

——《大学》

人在生活中应该有责任感,也应该有使命感。我们来到这个世界上不仅仅是为了吃点饭、穿几件衣服就准备离开。在人的生命过程中,应该尽可能地寻求一种比较充实的生活。

——中国当代作家 路遥

生活若用理想代替欲望,用忧患意识代替焦虑,这样,有了理想和忧患意识的生活将会变得积极有趣,人生也会奔向精彩。

——好一朵茉莉花品牌创始人 周洪磊

梦想也许在今天无法实现，但重要的是，它在你心里。重要的是，你一直在努力。

——资产配置专家 严鸣

如果你想要一个知己，就要学会欣赏和理解，也要学会尊重彼此的距离和空间。暧昧和轻薄都不能成为知己。人生难寻一知己，一回头也许就是一辈子！

——区块链投资专家 璐姐

如果有芥末粒那么大的信心，你就能移动一座山。因为你若能信，在信的人，凡事都能。

——知名青年演讲家 王存蕾

无论你面临的困难是什么，爱和感恩是唯一的解药！

——著名演讲家 谭吉拉德

"任何一个行业，你别看密密麻麻都是人，努力往上一点，人就少一大片。那些投机的人，不是真心投入的人，自己就把自己淘汰了。"

普通人做事喜欢找捷径，而真正的高手都在下笨功夫。那些说"认真你就输了"的人，最后真的输了。

——亚洲首席超级演说家 梁凯恩

在这个人才辈出、新事物井喷式爆发的时代，多跟身边不同背景的朋友交流，让自己的认知永远处在时代的前沿。俗话说三人行必有我师，任何一个人，任何一个行业都存在爆发的可能。

——加拿大 Yesbit 公司联合创始人、SwapAll 飞象交易所 CEO、克拉猫预言机专利持有人 覃剑

记住从现在开始，多想想你拥有的，而不是你想要的。如果你这样做，你的生活就会比以前更美好，或许你生平第一次懂得了心满意足的含义。

——毕加索股份中国有限公司总裁 郭勇

坚持梦想虽然慢一点，但是只要坚持不懈去努力，我相信总有鲜花盛开的时刻！

——BSV 精品酒类品牌梦工厂创始人 潘汝显

懂得感恩，必赢丰盛。

——一起来商务引荐俱乐部创始人 李学刚

感恩，才有更好的自己。

——买家具找找厂贩总裁 曹波

懂得感恩的人，不孤独。

——知行家演说训练机构首席教练 张海翔

学会感恩，菜鸟变凤凰。

——湖南恭喜发财文化发展有限公司董事长 金子兰

学会感恩，心灵富贵。

——丁新榔食品科技有限公司董事长 丁朝兵

因为感恩，孩子们更有未来。

——湖南广艺教育咨询有限公司董事长 谭怀颖

学会感恩，幸福一生。

——长沙县紫东教育培训学校有限公司校长 邓力源

因为感恩,世界更燃。

　　　　——广东一起燃大健康管理有限公司董事长　黄通县

因为感恩,生活更美。

　　　　——蒂拉环球集团有限公司董事长　谢惠玲

Date   /   /

因为感恩，世界不再一样

Date   /   /

Date / /

Date   /   /

Date / /

Date   /   /

Date   /   /

Date   /   /

Date   /   /

Date / /

Date / /

Date   /   /

Date   /   /

Date   /   /

Date / /

因为感恩，世界不再一样

Date   /   /

Date   /   /

Date   /   /

Date / /